災害対応ガバナンス

被災者支援の混乱を止める

菅野 拓

Governance in Disaster Response

SUGANO Taku

ナカニシヤ出版

はじめに

最初に2枚の写真を見比べてほしい。1つは1930年に起こった北伊豆地震[1]の避難所の写真である（図0-1）。もう1つは2016年に起こった熊本地震[2]の避難所の写真である（図0-2）。この2枚の写真の間に、日本は満州事変から始まりポツダム宣言の受諾に終わる15年間におよぶ戦争に敗れ、戦災復興を成し遂げ、高度経済成長を迎え、経済的に豊かな成熟した国になったはずであった。しかし、日本は先進国のなかでも災害がきわめて多い国にもかかわらず、避難所の状況に大きな改善はみられない。こうした状況は、決して先進国に一般的なものではない。イタリアの避難所では、温かい食事やワイン、ベッドがすぐに提供される。さらにいえば、紛争などで避難を余儀なくされた難民の国際的な支援基準よりも日本の避難所は低水準である[3]。

次の写真もみてほしい（図0-3、図0-4）。これは2011年の東日本大震災[4]で被害を受けた石巻市にある、ある被災者の自宅だ。撮影時点で震災から4年が経過していたが、家は直っていない。ある家では、1階がすべて津波によって流され、トイレもないような家の2階に高齢者が生活していた。この状況は健康で文化的な最低限度の生活といえるのだろうか。修繕が終わっていない家に暮らす被災世帯は、その当時で少なくとも3桁を超えていた。「在宅被災者」や「在宅避難者」といわれ、被災者支援の適切性が問われる問題だ。この問題は発災から10年が経つ本書執筆時点においても解決していない。

被災者支援の制度が存在しないわけではない。被災者の生活再建を支えるために、被災者生活再建支援法があるが、その窓口を担った行政職員の声は複雑である。「なぜあの人は救えて、この人は救えないのか。この人のほうが困難を抱えているのに」。

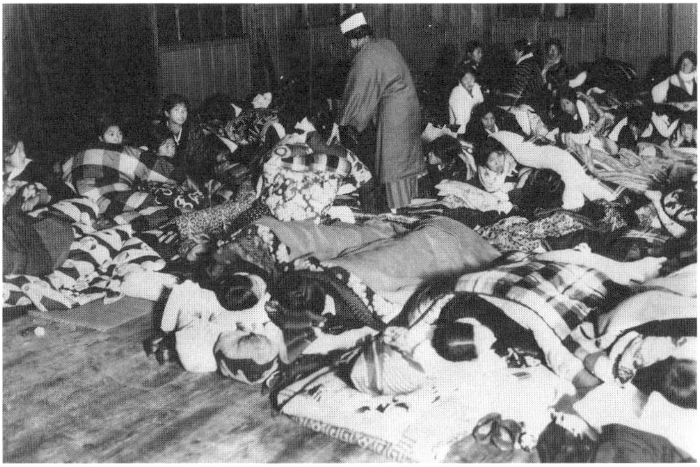

図 0-1　1930 年の北伊豆地震における避難所
資料：毎日新聞社提供

なぜこんなことになってしまうのか、どうすればこの状況を変えることができるのか。この疑問に答えることが本書の役割である。本書の目的をもう少し詳しく述べるならば、次のようなことだ。まず、災害対応ガバナンスという概念を通じて、日本社会の現在の災害対応のメカニズムが歴史的に構築されてきたことを把握したい。そして、悪しき結果を生み出している根本理由に迫りたい。さらに、災害対応や被災者支援の改善に取り組む近年の事例をヒントとして、被災者に利益をもたらさないメカニズムを改善し、災害によって傷つけられた一人ひとりの個人の暮らしが、しなやかに回復する社会を目指すための提言を行いたい。

ところで、みなさんは災害とは何か、考えたことがあるだろうか。「天災」という言葉があるように、災害は自然現象だと思っていないだろうか。だが実は、国際的に、学問上も政策上も、災害は自然現象とは考えられていない。災害（disaster）とは、リスクを引き起こす

図 0-2　2016 年の熊本地震における避難所

資料：松川杏寧氏より提供

図 0-3　東日本大震災から 4 年後のある在宅被災者宅（外観）

資料：一人ひとりが大事にされる災害復興法をつくる会のメンバーが撮影

図 0-4　東日本大震災から 4 年後のある在宅被災者宅（内観）
資料：一人ひとりが大事にされる災害復興法をつくる会のメンバーが撮影

加害力（hazard）×社会の脆弱性（vulnerability）と考えられている[5]。つまり、災害とは地震、台風といった自然現象などのなんらかの力が社会に加わり、社会の弱い部分に被害をもたらしてしまうことなのである。誰も住んでいない砂漠のど真ん中で地震が起き、社会になんの被害もなければ、それは災害ではない。災害をこのように理解することから、その社会の弱い部分に力が加わっても耐えられるようにしたり、すみやかに回復できるようにしたりすることを、私たちは防災や減災と呼んでいる。

本書の主題となる災害対応とは、災害によってダメージを受けた社会を回復させることを目的としてさまざまな人々や組織が活動することである。具体的に活動するのは、市民、政府（国・地方自治体）、営利企業、NPO や協同組合などのサードセクターの組織などである。つまり、災害対応とは、防災や減災といった災害へのなんらかの備えを前提として、災害によって社会のさまざまな機能が低下した状況に適応し、社会のさまざまな主体（アクター）が、その低下した機能を回復させていく過程と捉えることができる。

日本では伝統的に、災害対応はもっぱら国や地方自治体といった政府の役割として語られることが多かった。実際に、国や地方自治体は、その程度の差はあるが、災害対応を事前に計画し、訓練などを行い、防災行政を執行してきた。もちろん、消防団や水防団といった地縁組織などとして、市民も災害対応の重要なアクターであった。また、近年の災害対応では、災害時の医療チームであるDMAT（災害派遣医療チーム）やNPOに代表されるサードセクターの組織といった、非政府のアクターが参画することが一般的になってきた。

しかし、こういった災害対応が必ずしもうまくいくとは限らない。現在は、これらの諸アクターがそれぞれに災害対応を実施しているのであるが、日本社会が成熟し、少子高齢化していくなかで、地縁組織の機能が低下してきたことは否めないし、財政余力がなくなるなかで行政が十分に災害対応に備えることができないことも考えられる。NPOなどのサードセクターは、他のアクターと十分に調整できないまま災害対応を実施することもある。このような災害対応は、悪しき結果を生み出すことになってしまう場合もある。災害のたびに繰り返し報道されるが一向に改善されない避難環境の劣悪さ、生き残った命が守られなかった結果としての災害関連死、生活再建できない被災者などは、日本社会の災害対応のやり方自体が生み出しているのだ。

もちろんこのような悪しき結果は、適宜反省されてきた。例えば、生活再建できない被災者を支援するための法律である被災者生活再建支援法は、1995年の阪神・淡路大震災[6]を契機として、市民をはじめとする多くの人々の努力によってつくられたものである。しかし、災害のたびに同じような光景が報道されるということは、悪しき結果を生み出すことが十分に反省されてはおらず、社会的に簡単に学習されないことのあらわれでもある。先ほどの写真でみたような避難所が幾度も幾度も生み出されるような状況が生じる理由を分析する必要がある。

このような状況を理解し、よりよく災害対応を行うためには社会として何を変え、何を準備すればよいのか。それを把握するための分析ツールとして、本書では「災害対応ガバナンス」という、あまり耳慣れない概念を導入する。詳しくは後述するが、災害対応ガバナンスとは、「被災者の利益のために、国・都道府県・市町村・営利企業・サードセクターの組織といった災害対応を実施するさまざまなアクターを規律づけるメカニズム」である。

本書では、災害対応ガバナンスという概念を通して、日本社会の現在の災害対応について検討していきたい。災害のたびに生み出される悪しき結果は、ある地域にたまにしか起こらない災害という社会的課題に対して、災害対応を実施するさまざまなアクターへの規律づけが失敗し、被災者に利益をもたらさないメカニズムが働くからだ。この背景には、災害法制を中心とした構造的な問題がある。本書では、この構造的な問題を解消するための方向性、具体的な手法も明らかにしたい。

なお、災害対応のまずさは、政府や専門家だけが考えれば事足りる問題ではない。市民、営利企業、サードセクターの組織などいろいろな人が考え、社会の仕組みを変えなければ解決しない。本書はできる限りさまざまな人に読んでほしいと思っている。そのため、過去の研究内容や複雑な議論はできるだけ注に記載するようにした。注は学術的な議論に関心がある人だけみていただければ十分である。

本書の要点

先に本書の要点を書いてしまおうと思う。

現在の日本の災害対応ガバナンス、つまり、「被災者の利益のために、国・都道府県・市町村・営利企業・サードセクターの組織といった災害対応を実施するさまざまなアクターを規律づけるメカニズム」は、「災害対応は行政、特に地方自治体が中心となって、ハード中心に行う」というものである。地方自治体が災害によって壊れた道路や公共施設を復旧することが、日本の災害対応の一丁目一番地なのだ。営利企業や、NPO などのサードセクターの組織も災害対応を行っているようにみえるが、活動するための体制や財源は公的な根拠に乏しく、また、専門性を発揮するための自律性が十分にはともなっていない。

「ある地域にたまにしか起こらない」災害に対して、平時に適応した組織体制をとっている地方自治体が、災害対応を行う。たまにしか起こらないのであるから、地方自治体は慣れていない仕事をしなければならない。災害対応のうち、地方自治体が平時に行っている仕事の延長戦上であるインフラの修繕や消防などは比較的混乱が少ない。しかし、食品・生活用品（平時にはスーパーマーケットなどで販売される）や、住居（平時には不動産業者が販売・仲介している）といったふだんは市場のなかで供給されているものや、福祉サービスなど通常は行政・営利企業・NPO などいろいろな担い手が連携して供給しているものを、慣れない地方自治体が単独で供給することになるので、避難所や被災者支援は混乱してしまう。災害報道の風物詩といってもよいほど災害のたびに繰り返される避難所や被災者支援の混乱は、戦後ずっと続いており、抜本的に解決されていない。仮に、国が中心となって災害対応を行うのであれば、災害対応に慣れることができるかもしれないが、ある集落の状況のやりとりを自治会長と行ったり、福祉サービスの利用者の状況を民間の事業所を通して把握したりといった、地域の細やかな情報のやりとりを行えるのは地方自治体だけである。国が対応するだけでは、やはりうまくいかないだろう。

では、「災害対応は行政、特に地方自治体が中心となって、ハード中心に行う」という現在の災害対応ガバナンスはどのように成立したのであろうか。基本的な構造は敗戦直後に確立した。地方自治体が災害対応を行うものの、実際には国が強く関与し、民間組織は参画しないという、災害対応における基本的な役割分担は、GHQ の影響下で 1947 年に成立した災害救助法によって決まった。そこでは平時は生活保護法、有事は災害救助法という機能分担が想定されていた。災害救助法は明確に災害時の生存権保障を志向する法律であり、いわば当時の社会保障の一端であった。

その後、1959 年の伊勢湾台風[7]をきっかけに、現代的な災害対応・防災体制が確立していくなかで、災害対応はハード中心のものとなっていった。1961 年に成立した災害対策基本法と 1962 年に成立した激甚災害法によって、大規模災害時にはハード整備を中心として、国から地方自治体に大きな補助を行うことがルール化されたからである。この頃を境に、いわば土建国家的な災害対応が行われていくことになる。

では被災者支援はどうなったのであろうか。インフラなどの被害である「災害」に対する「個人災害」の補償、インフラなどの被害の復旧を中心とした「復興」に対する個人の「生活復興」という表現からもわかるとおり、災害対応はあくまでもハード中心で人が中心とはならなかった。その災害対応の不足を補うものとして被災者支援が成立していく。しかし、被災者支援は社会保障であるとの認識はともなわなかった。まるで社会が政府のやり方に反旗を翻すかのように、内閣が提出する閣法ではなく、社会に突き動かされた議員が提出する議員立法として被災者支援のルールは定まっていった。1973 年に成立した災害弔慰金法や1998年に成立した被災者生活再建支援法がそれである。そのためか、現金給付を中心とする被災者支援は、当時の社会保障の考え方とは異なる特殊なものとなってしまう。同時代の社会保障は、本当に困った人を行政の権限で救うという救貧的なものから、介護保険のように誰もが契約によってサービスを利用できるという普遍的なものへと変化していったが、被災者支援は社会保障からの孤立を深めてしまった。

「被災者支援の社会保障からの孤立」は深まってはいったものの、同時に、「災害対応は行政、特に地方自治体が中心となって、ハード中心に行う」という災害対応ガバナンスとは異なるやり方も、社会は見出していった。1995年の阪神・淡路大震災をきっかけとして、災害対応におけるボランティア・サードセクター・営利企業のCSR（企業の社会的責任）・DMATなど、政府以外の個人・チーム・組織の自発性にもとづく活動を、調整というメカニズムによって最適化していく方法が開発され、社会的に学習されていった。

さらに東日本大震災以降は、少子高齢化を背景として、社会保障制度が救貧的なものから普遍的なものへと変化を遂げていったことを受け、「被災者支援の社会保障からの孤立」を解消する動きが広がった。災害ケースマネジメントや災害時ケアプランに代表されるように、平時の社会保障のなかに被災者支援を位置づける取り組みが行われている。

では、これらの動きを受けて、「災害対応は行政、特に地方自治体が中心となって、ハード中心に行う」という災害対応ガバナンス＝「被災者の利益のために、国・都道府県・市町村・営利企業・サードセクターの組織といった災害対応を実施するさまざまなアクターを規律づけるメカニズム」をどのように変化させれば、戦後ずっと混乱し続ける被災者支援を変えることができるであろうか。目指すべきは、以下の２つである。１つは、営利企業やNPOなどのサードセクターの組織といった政府以外の担い手も、活動するための体制や財源の公的な根拠をもって自律的に災害対応に参画する、「災害対応のマルチセクター化」である。もう１つは、普遍的なものになった社会保障の制度体系のなかに被災者支援を位置づけて、平時の社会保障の担い手たちが被災者支援を行う、「社会保障のフェーズフリー化」である。「災害対応のマルチセクター化」も、「社会保障のフェーズフリー化」も、政府のコントロールのもとに統制的に災害対応を行うのではなく、さまざまな担い手が、その得意技に応じて自発的に対応し、その活動を調整することによって協働して災害対応を行うことを促す。「調整と協働」こそが、行政の防災・危機管理・復興部門の重要な役割として浮上する。災害救助法を中心として戦後すぐに定まった基本的な役割分担を現代にあうように見直し、被災者支援を社会保障として位置づけることによって、不得意な仕事まで国・地方自治体に押しつける災害対応をやめ、さまざまなアクターが得意技を発揮できる、いわば「餅は餅屋の災害対応」を日本社会に生み出さなければならない。

目　　次

第1章

災害対応ガバナンスとは何か

分析の準備

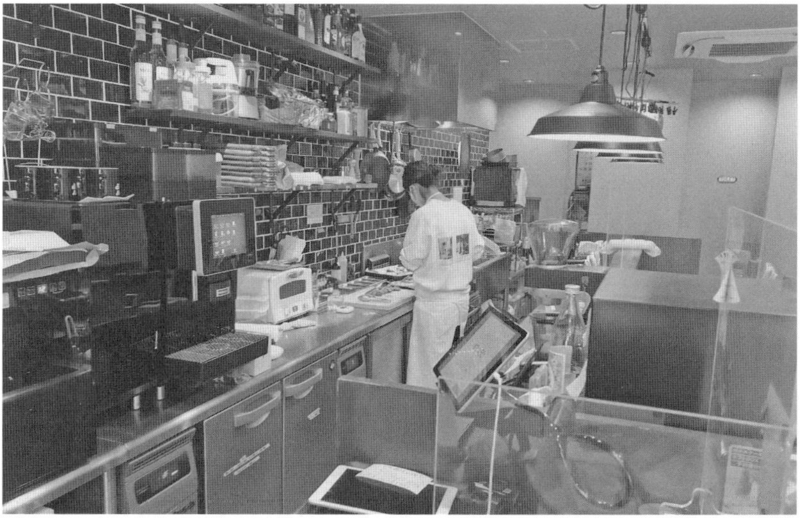

上＝手慣れたスタッフにより、混乱なく流れるようにコーヒーがいれられるカフェ
下＝スムーズな災害対応をもたらす水準の高い訓練の様子（伊勢市）

本章では、本書の分析ツールである「災害対応ガバナンス」という概念について説明したうえで、本書の目的・方法・概要について述べていきたい。

災害対応ガバナンスはさまざまなアクターの規律づけメカニズム

災害対応（disaster response）とは何であろうか。本書では、災害対応を、地震や風雨といった自然現象などによる加害力（hazard）によって、財・サービスの供給が減少したり、新しい需要が創出されたりした際に、適切な需要水準まで財・サービスを効果[1]的に供給するための社会の適応過程であると捉える。社会が災害に対応するためには、加害力と社会の脆弱性（vulnerability）の関数として把握できるリスクを認識し、なんらかの対応をとることになる。例えば、あの集落は大雨が降ると土砂災害が起こって道路が通行不能になる可能性が高く、孤立してしまうため、在宅医療サービスが供給できないといったように、加害力が社会に加わると、道路の機能維持の弱さや、医療サービス供給の弱さなど、社会の脆弱性がかかわって被害が出てしまうことが予想される。そこで、被害を防ぐために、道路周辺の斜面に擁壁をつくる、即座に道路復旧ができるように技術職員を確保しておく、医療機関が治療に使う薬品を多めに住民に供給しておく、といった準備をすることになる。つまり、認識されたリスクにもとづき、市民、行政、営利企業、NPOなど、さまざまなアクター[2]の行為を規律づけるためのなんらかのメカニズム、つまりは「ガバナンス」を事前から構築し、実際に加害力が発生した際には、その構築されたガバナンスを所与のものとして諸アクターが行為することになる。

さてガバナンスという概念にはさまざまな用法があるが、政治学者の河野勝によれば大きくは２つの用法に区分できるという[3]。その２つのなかでも本書では、「利害関係者の利益のための代理人の規律づけメカニズム」という定義にもとづき、ガバナンスという用語を使いたい。例えば、コーポレートガバナンスは株主の利益のために経営者を規律づけるメカニズムであり、民主主義というガバナンスは市民の厚生を高めるために政府を規律づけるメカニズムである（なお、本書では、「政府」という言葉を、国と地方自治体の両方を意味するものとして使っている）。つまり、本書の主要な分析概念である「災害対応ガバナンス」とは「被災者の利益のために、国・都道府県・市町村・営利企業・サードセクターの組織といった災害対応を実施するさまざまなアクターを規律づけるメカニズム」のことである。

大規模災害が発生するたびに「過去の教訓は引き継がれたのか」という報道がなされる。この教訓を引き継ぐということは、ある災害対応ガバナンスを所与のものとして、さまざまなアクターが行為したことの正負の効果を評価し、そのメカニズムを変更することでアクターの規律づけを見直し、災害対応ガバナンスを改善することにほかならない。全国一律に改善できる災害対応ガバナンスもあれば、ある地域ごとに改善が必要な災害対応ガバナンスもある。全国一律に改善できる災害対応ガバナンスが改善されていなかったり、まだ災害が起こっていない地域の災害対応ガバナンスが改善されていなかったりすれば、災害が発生すると再び同じような効果がもたらされ、教訓は引き継がれなかったことになる。時間の経過によって災害対応ガバナンスに新たなアクターや要素が加わったり、アクターや要素自体が変質したりすることもありうる。例えば、少子高齢化によって、災害時の家庭でのケアが不十分になってしまい、ケアの多くを他のアクターに求めなければならなくなったというような場合や、インターネットやソーシャルネットワークサービス（SNS）の発達により、被災者からの119番以外の通報が増え、行政が救助対応にあたる件数が増えたといった場合である。また、復興記録誌をまとめることや、アフターアクションレビューなどの事後検証を通して、メカニズムを変更する必要がある部分を把握し、場合によっては、社会全体のメカニズムを改善し、教訓を引き継ぐという仕組み自体も、重要な災害対応ガバナンスである。

では、ここでいうメカニズムとは何であろうか。例えば、コーヒーをいれるというメカニズムを考えてみたい。誰かがコーヒーを飲みたいというニーズのもと、コーヒーをいれるというメカニズムが作動すると、アクター（人）、コーヒー豆、水、コーヒーミル、ドリッパー、コーヒーカップなどの要素が相互連関し、コーヒーが抽出されることになる。コーヒーをいれるという目的から、アクターである人は、コーヒーのいれ方のレシピ本や過去の経験をもとにした規範などからさまざまな規律づけを受けて行為している。例えば、コーヒー豆をコーヒーミルで十分にひくこと、湯を十分に沸かすこと、ドリッパーやカップからこぼれないように湯を入れること、といったことが実際に働いている規律づけである。規律づけがうまく働かないと、コーヒー豆を十分にひかない、湯を十分な温度までわかさないなどの行為がもたらされ、結果としていれたコーヒーがおいしくない、コーヒーを注ぐとガラスコップにひびが入ってしまった、などの負の効果を生み出してしまうことになる。負の効果を受けて、今度は十分に湯をわかそう、ガラスコップよりは陶器のカップを使おうといった反省からアクターは学習し、場合によっては適切なカップを用意するといったように、アクターの規律づけや環境を見直すことで、メカニズムの変更を行う。この単純な例にあらわれるように、なんらかのアクターが関与するメカニズムとは、ある目的を志向し、さまざまなアクターや構成要素を相互連関させ、アクターを規律づけることによって行為を促し、要素の単純な和以上の機能を発揮するアクター・ルール・モノなどの集合ということになる。場合によっては、反省や学習による改善というフィードバックシステムを備えたメカニズムもある。

災害対応の全般的な目的とは、災害で被災した人間の救済にある。そうすると、災害対応ガバナンスとは、上述したとおり、「被災者の利益のために、国・都道府県・市町村・営利企業・サードセクターの組織といった災害対応を実施するさまざまなアクターを規律づけるメカニズム」と定義できる。また、ある社会における災害対応ガバナンスは、例えば、法制度にもとづく行政の対応、民間の保険システムによる対応、民間企業の業務継続対応、災害ボランティアの調整など、災害に関係するいくつもの領域で構築されていることが通常である。そのため、災害対応ガバナンスの総体とは、避難所運営、生活再建、インフラストラクチャーの復旧、商品生産量の回復など、ある社会における災害対応にかかわるさまざまな領域のメカニズムの集合として捉えられる。

災害対応ガバナンスの成否、つまりメカニズムがうまく働いているかどうかは、さまざまなアクターが行為した結果としての効果によって把握できる。ルール・モノといった構成要素が足りなかったり、アクターへの規律づけが足りなかったりすると、メカニズムは予期したとおりには働かず、期待した効果を生まない。つまり、災害対応ガバナンスが適切なものでなければ、望ましくない効果がもたらされ、そのメカニズムの恩恵を受けないアクターに対して、さまざまなストレスが生じることになってしまう。いっこうに改善されない避難所の環境は被災者のストレス以外のなにものでもない。

本書では、災害対応ガバナンスというメカニズムにおけるアクター以外の構成要素として、公式に明示されたルールや非公式な規範からなる「制度（institution）」[4]と、建物や構造物、ハードウェアやソフトウェアからなるコンピューター、食品や生活資材などの物質である「物理環境（physical environment）」の２つの機構を重視している。

アクターは制度と物理環境から規律づけられて行為する。例えば、コーヒーをいれる場合は、本に書かれるレシピのようなルール、人々の経験から一般に共有された規範が制度であり、コーヒー豆、コーヒーミル、ドリッパー、コーヒーカップ、これらを調理するキッチンなどが物理環境である。アクターが制度に規律づけられることは比較的わかりやすいであろうが、物理環境もアクターを規律づけている[5]。コーヒーミルはコーヒー豆をひくための道具であり、それを用いて湯をわかすことは難しい。災害対策のオペレーションルームに参集して災害対応を行う自治体職員に比較し、通常の執務室で作業する自治体職員は、災害対応を行うという規律づけは弱くなる。

災害対応ガバナンスを前提として、さまざまなアクターがさまざまな行為を行う。だが、必ずしもアクターたちの行為が矛盾なく組み合わさっているわけではなく、アクター間に「緊張（conflict）」が生ずる場合がある。例えば、２人のアクターが協力してコーヒーをいれることを考えてほしい。同じカフェの手慣れたスタッフたちであれば、１人がコーヒー豆をひきながらカップを温め、もう１人がお湯を沸かしながらドリッパーを準備するといったように、スムーズにコーヒーをいれていくだろう。しかし、まったく見知らぬ他人同士がコーヒーをいれるとなったらどうであろう。どちらが何を行うかの役割分担を話し合い、それが決まってからコーヒーをいれ始める。住んでいる地域や国が異なれば道具の呼び名が違うかもしれない。ペーパードリップやエスプレッソマシンでの抽出など想定しているコーヒーのいれ方自体が異なるかもしれない。２人とも湯を沸かし始めるなど、行為が重複するかもしれない。場合によってはコーヒーのいれ方をめぐってケンカが起こることもあるだろう。

これを実際の災害対応の現場を例に考えてみよう。被災したＡ市。私も含む危機管理部局の職員はさまざまな情報を集約し、どのような災害が発生しているのかを把握しようと必死である。ただし、そのように必死になっているのは危機管理部局の職員だけで、観光部局の職員などは我関せずと定時で帰宅してしまった。しかし被害が大きいエリアに観光客がとどまっているというテレビ報道が始まった。また、避難所の状況が最悪だと、見知らぬ横文字の NPO が危機管理部局の窓口を訪れた。自治会長からも文句を言う電話が入ってきた。避難所への人員はスポーツ振興課と教育委員会が出しているが、職員を休ませねばならないので、交代要員が必要だとの知らせが入る。住宅部局は公営住宅を抽選で提供することを決めたようで、市民が役所の窓口に殺到し、市役所のエレベーターは大混雑だ。福祉サービスの事業所からは、在宅にとどまる重度障害者がいるのだが仮の住まいをなんとかできないかと福祉部局に相談があった。しかし、危機管理部局の職員はその報告を忙しさのあまり聞き流していると、福祉部局の長から怒りの内線電話。そこに県の危機管理部局から、災害対応にどれほどの費用がかかりそうかについて問い合わせがあった。県として補正予算を組まねばならないそうだが、そんなことわかるわけがない。さらに国の担当者がやってきて、物資配送の調整をするので部屋をよこせときた。定例会議と記者会見の時間が近づいている。資料はまったくまとまらない。知事と市長の言うことはちぐはぐだ。もうどうにでもなれ。少し誇張はあるが、災害対応でよくみる光景である。何かメカニズムがうまく働いていない。

緊張が発生する場合、アクターたちはお互いの行為を変更したり、災害対応ガバナンス自体を変更したりすることで対応することになる。その場で役割を決めるといった行為の変更は比較的容易であるが、災害対応ガバナンス自体の変更はそう簡単ではない。あるカフェにおいてコーヒーを複数人でいれる例で考えるならば、カフェのスタッフの役割分担を定めるマニュアルをつくり、マニュアルに定められた行為を徹底できるように研修・訓練する必要が出てくる。さて、上記のような光景が頻繁に生じる現在の災害対応ガバナンスを変えるとなるとどうすべきであろうか。

緊張を緩和するために、なんらかの行為の変更や災害対応ガバナンス自体の変更を行う際には、多かれ少なかれ「調整（coordination）」が必要となる。関係するアクターが増えるほどに、調整のための手間などの費用が高くなる。法律をつくるのに時間がかかるのは、要綱の作成、他法との関係性の整理、関係者との協議、国会審議など、さまざまな調整の費用が高いためである。また、ボランティアやNPO/NGOと連携する準備をしていない地方自治体が、災害時に彼らと対立してしまう例にみられるように、災害が発生することによって調整のための費用が高騰してしまい、うまく調整できない場合もある。逆に、災害によって活動目標が一致することで、調整のための費用が低減し、組織間連携がうまくいく場合もある。また、災害対応ガバナンスを単一のアクターのみで変更することが難しい場合も多い。例えば、法律や、税の投じられ方である政府予算を、あるNPOのみで変更することは難しいであろう。だからといって変更ができないというわけでもない。代議士や中央省庁の官僚へのロビーイングなどに代表されるNPOのアドボカシーは、ガバナンスの変更を狙った行為である。

災害時の財・サービスの不足を基本的なガバナンスモデルで分析する

「被災者の利益のために、国・都道府県・市町村・営利企業・サードセクターの組織といった災害対応を実施するさまざまなアクターを規律づけるメカニズム」としての災害対応ガバナンスは、以下のような過程で作動すると考えられる。①社会にはさまざまな領域で一定のガバナンスが平時から働き、さまざまな財やサービスが供給されている。②地震や豪雨などの比較的短時間の加害力の影響を受け、社会の

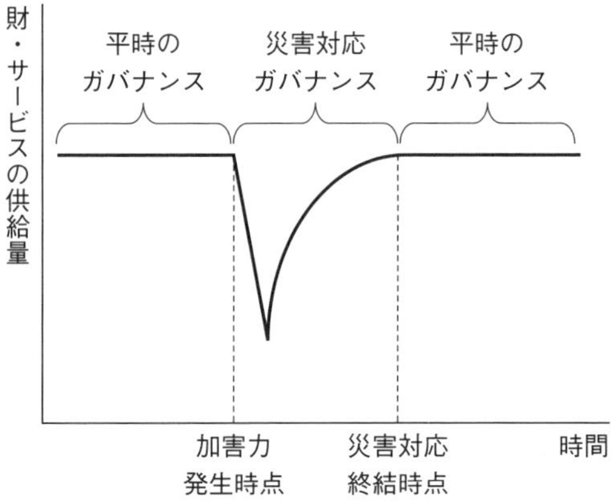

図 1-1　災害対応ガバナンスの作動イメージ
資料：筆者作成。

さまざまな領域の平時のガバナンスが機能しなくなり、財やサービスの供給機能が低下する。③あらかじめ準備された災害対応ガバナンスが作動し、緊急的に財やサービスを供給する。④災害対応ガバナンスの作動が停止し、平時のガバナンスが回復する。つまり、災害対応ガバナンスが作動することによって、加害力によりもたらされたさまざまな財やサービスの供給低下状況に社会は適応し、さまざまな財やサービスの供給の効果を高め、ふたたび平時に戻るという過程を経ることになる（図 1-1）。

では財やサービスを効果的に供給するために、一般的にどのようなガバナンスが働いているのであろうか。従来、この疑問への主要な答えは、市場というメカニズムであった。しかし、取引費用（transaction cost）のアプローチは、組織で供給したほうが効果的な財・サービスがあることを理屈づけた[6]。このアプローチは、従来の経済学が、時間や費用がかからずに適切な供給水準に均衡するような、無限定な合理性の仮定をとっていたことを批判した。そして、アクターの知識には限界があり、その枠内でメリットがあるように合理的に振る舞いながら利益を追求するという、限定合理性と機会主義の仮定を採用した。そのため、アクター間でなんらかの取引を行う際には、情報の取得にともなう費用、アクター間の交渉にともなう費用、取引の際に裏切りを引き起こさせないための費用などに代表される取引費用がかかり、取引される財・サービスの性質に応じて、効果的である取引のメカニズム＝ガバナンスが異なることを明らかにしてきた。先述したアクター同士の緊張を緩和するための調整が災害時に可能になるかどうかは、財・サービス供給にともなう取引費用の多寡に依存している。取引費用が高すぎると調整がうまくなされない。また、財・サービスの取引費用が低くすむメカニズムが災害対応ガバナンスとしてあらかじめ構築されていると、災害対応にともなう緊張は小さくてすむ。

ノーベル経済学賞を授賞したウィリアムソンによれば、効果的な取引を行ううえで対称的な性質をもつ基本的なガバナンスのモデルは、「市場（market）」と「階層組織（hierarchy）」である。市場は、消費者と生産者が独立して価格変動に対応して、それぞれが自らの効用と利潤を最大化することで適応する。また、組織内で人材育成し熟練労働者を育てるといった取り組みにみられるように、階層組織は所属者同士が長期的で双務的な依存関係におかれることから、争いのない協力的な調整によって適応する。また、市場はインセンティブに強く反応し、階層組織は管理的コントロールの実効性が高いという特性をもつ[7]。さらに、社会学者のパウエルは、基本的なガバナンスのモデルとして、市場と階層組織の中間に「ネットワーク（network）」を追加している[8]。ネットワークというガバナンスは、手工業者の組合の例など、持続的な関係性にもとづき、互いに報いあう互酬性の規範のもと、品質を長期的に改善していく必要があるような財・サービスの供給に向いている。つまり、市場、ネットワーク、階層組織という基本的なガバナンスのモデルとその組み合わせによって、さまざまな財・サービ

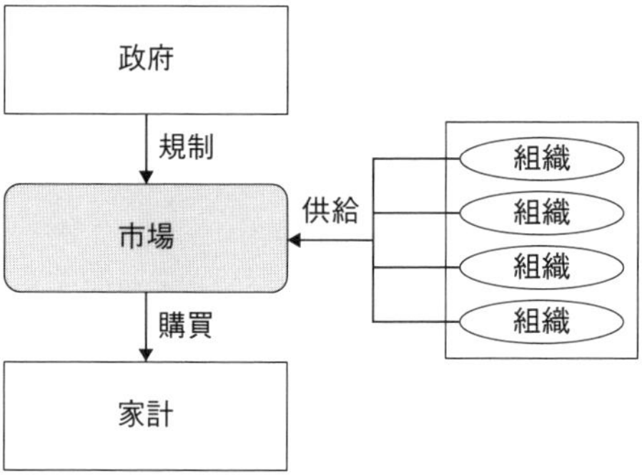

図 1-2　市場によるガバナンスのイメージ
資料：筆者作成

スが平時から社会に供給されている。そして、財やサービスごとに、利害関係者の利益のための代理人の規律づけメカニズムとしてガバナンスが構築されていると考えることができる。

財やサービスごとに構築されたガバナンスの具体例を考えてみよう。例えば、食料品であれば、家計（消費者）の利益のために、保健衛生の各種法律や条例の規制を通じて規律づけられた製造者や販売店が競争的な市場に財やサービスを供給し、市場から家計が購買するという市場によるガバナンスが働いている（図 1-2）。

道路や河川堤防といったインフラストラクチャーの供給は、一般的に政府が行うことで、階層組織によるガバナンスによって行われている（図 1-3）。その際、政府のみで財やサービスを生産できない場合は、市場での調達や、随意契約などでの指名による発注によって、政府は民間組織から財やサービスを購買することになる。

日本の医療サービスは、主として準市場（quasi market）[9] によるガバナンスによって供給されている（図 1-4）。患者がサービスを選択することによって競争が働く準市場に、患者の利益のために医療法などの規制を通して規律づけられた民間の病院などの医療機関が参加して

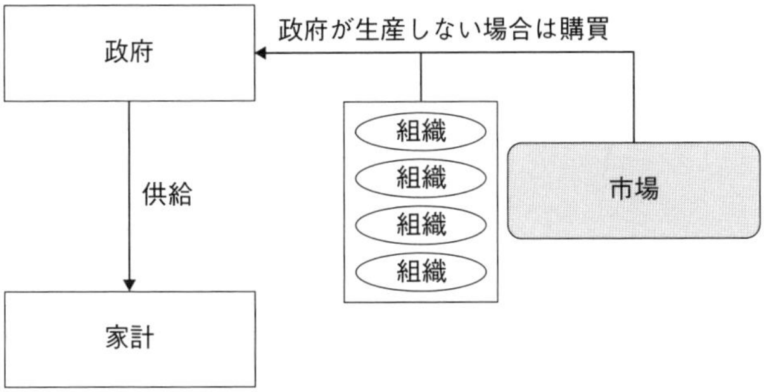

図 1-3　政府（階層組織）によるガバナンスのイメージ
資料：筆者作成

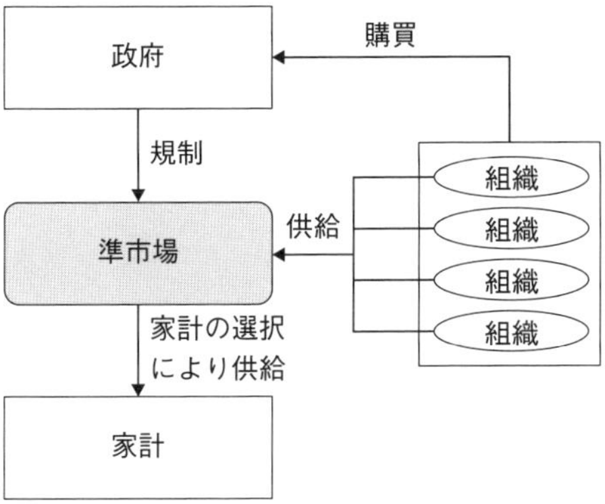

図 1-4　準市場によるガバナンスのイメージ
資料：筆者作成

いる。そして、健康保険や診療報酬制度などを通して、医療サービスの対価は主として政府が医療機関に支払う。

シリコンバレーにおける ICT サービスの生産や、イタリア中部のエミリア＝ロマーニャ州周辺「第三のイタリア（Third Italy）」における中小企業や職人が連携した服飾製品の生産など、市場の動向を読みながら多品種の商品を柔軟に生産する地域においては、ひとつの組織が同一の商品を大量生産する体制をとらずに、さまざまな組織が協

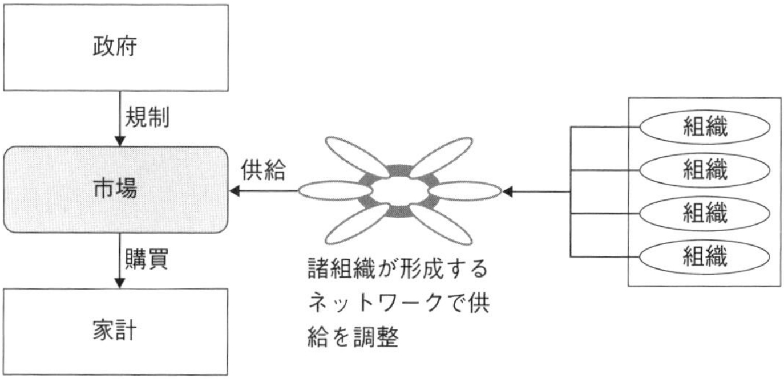

図 1-5　市場への財・サービス供給におけるネットワークによるガバナンスのイメージ

資料：筆者作成

調しながら商品生産に関与し、生産の効果を高めている[10]。これらはネットワークによるガバナンスによって市場に財・サービスを供給している例だと考えられる（図 1-5）。だが、このような取り組みを、市場占有率が高い大企業同士で実施すると、市場の効率性を阻むカルテルとみなされることになる。

最後に、近年のさまざまな福祉サービスの供給においても、地域包括ケア、地域共生社会、包括的相談支援体制の構築などとして、ネットワークによるガバナンスが志向されている（図 1-6）。「断らない相談支援」が政府からも求められることにあらわれるように、福祉サービスを求める利用者のニーズの多様性に対しては画一的な財・サービスの供給では対応できないので、さまざまな支援機関が緊密に連絡をとりあいながら、利用者のニーズに応じた財・サービスをオーダーメイドで供給する必要性があるためである。

以上、財・サービスごとにガバナンスがどのように構築されているかの具体例をみてきた。では、財・サービスを社会に供給するための効果的なガバナンスはどのように決まっているのであろうか。従来、社会に供給される財・サービスは、公共財・サービスと私的財・サー

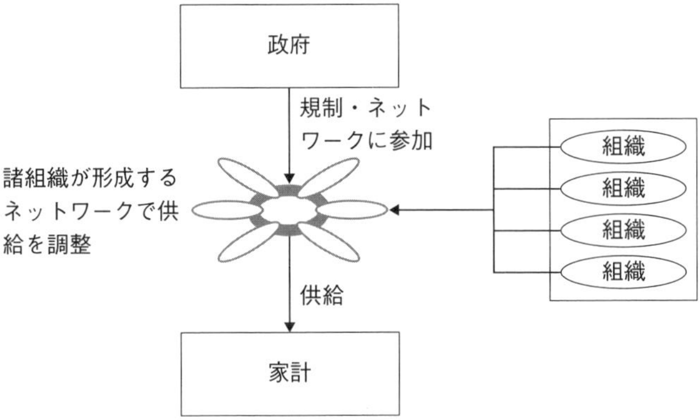

図 1-6　福祉サービス供給におけるネットワークによるガバナンスのイメージ
資料：筆者作成

ビスの２つに分けられ、前者は政府が供給し、後者は市場において供給すべきものとされていた。しかし、取引費用アプローチによると、それに加え、資産特殊性として把握される財・サービスがもつ性質が、効果的なガバナンスを規定する要因とみなされる[11]。仮に、私的財・サービスであったとしても、例えば、ある特殊な製品の開発にかかわる知識を保有する研究者や、市場で購入可能な汎用的な機械では代替できない特殊な機械のような独自の生産設備に代表される資産特殊性が高い資産は、企業の吸収・合併などによって垂直統合したり、独自に供給機構を備えたりすることを通して、官僚制を採用する経済組織（階層組織）の内で供給されるほうが、市場で供給されるよりも効果的な場合があることが明らかになっている。製品によっては、シリコンバレーや第三のイタリアのように、組織間のつながりを利用したネットワークによるガバナンスによって生産の効果を高めている場合もある。さらに、公共財・サービスについて検討してみよう。医療や介護サービスは、ある事業者がどの地域でも供給可能な場合が多い、資産特殊性が低い財・サービスである。これらの供給については、財・サービスの質を市場において競争させて、消費者が独自に契約し、それにともない政府が財政支出を行う準市場に代表されるような、市場と階層組織の混合形態で供給したり、地域包括ケアや地域共生社会づくりの取り組みなどに代表されるさまざまな組織のネットワークによって供給したりするほうが、政府が直接供給する、つまりは、階層組織で供給するよりも効果的でありうる。つまり、平時においては、公共財・サービスと私的財・サービスの区分と資産特殊性に応じて、財・サービスごとにガバナンスが構築・改善されているとみなせる。

本書においては、市場、ネットワーク、階層組織の3つを、分析上の基本的なガバナンスのモデルとして採用する。パウエルによれば基本的なガバナンスのモデルの特性は表1-1のようにまとめられる。市場と階層組織の組み合わせである準市場に典型的なように、財・サービスによっては、基本的なガバナンスのモデルを組み合わせる混合形態によって供給されている場合もある。

さまざまな財・サービスは、なんらかのガバナンスが作動して、平時から社会に供給されている。災害時には、なんらかの加害力が発生し、平時のガバナンスがうまく作動せず、財・サービスの供給が低下し、不足が発生することになる。財・サービスの不足は、その発生メカニズムにより大きく2つに分けられる。1つ目は、災害時に新規需要が創出されることによって不足する場合である。例えば、救命救助、治安維持、医療・福祉などの公共財・サービスにおいて典型的である。2つ目は、災害時に供給が減少することによって不足する場合である。道路・河川などの公共土木施設や医療・福祉といった公共財・サービス、および、平時は市場を通じて供給されている食料、日用品、住居などの私的財・サービスにおいて典型的である。

このように、公共財・サービスか私的財・サービスか、資産特殊性

表1-1　基本的なガバナンスのモデル

基本的なガバナンスのモデル	市　場	ネットワーク	階層組織
規範を維持する基礎	契約、所有権	補完的な強さ	雇用関係
コミュニケーション手段	価格	関係的	ルーティン
コンフリクト解決の手段	価格交渉、司法へ依存した執行確保	互酬性の規範、評判への関心	管理的な裁可、監督
柔軟性の程度	高	中	低
当事者間のコミットメント量	低	中から高	中から高
雰囲気の特性	精密的かつ／または猜疑的	制約が少ない、相互利益	公式的、官僚的
行為者の選好・選択	独立的	相互依存的	依存的

資料：Powell（1990）p. 300、table 1を一部修正

が高いか低いか、災害時に供給が不足するのか新規需要が創出されるのかによって財・サービスを区分すると、表1-2のようにまとめられる。災害対応ガバナンスが作動することによって、財・サービスの供給をスムーズに増加させ、不足を充足することが目指される。このスムーズさ、つまりは財・サービスの供給にともなう緊張の小ささ、取引費用の小ささこそ、災害対応ガバナンスがうまく働いているかどうかの評価ポイントとなる[12]。

また、取引費用の多寡に関与する重要な資源として、知識を導入しておきたい。知識は、具体的には法制度の運用ノウハウ、避難所の運営ノウハウ、支援組織の特性把握や社会ネットワークにかかわる専門性などとして考えられ、講義や文献などとして比較的伝達が容易な形式知と、OJT（オン・ザ・ジョブ・トレーニング）や経験などによらなければ伝達が難しい暗黙知に分けられる[13]。災害直後においては、知識の伝達は基本的に難しく、平時における知識の偏在の影響を受ける。

以上を簡単にまとめておく。本書では、災害対応を、加害力によっ

表 1-2　財・サービスの性質からみた平時のガバナンスと不足の典型例

財・サービスの区分	資産特殊性	平時の供給における典型的ガバナンス	災害時に新規需要が創出される財・サービスの典型例	災害時に供給が減少する財・サービスの典型例
公共財・サービス	高	階層組織（政府による直接供給）	救命救助、治安維持	公共土木施設（道路・河川など）
	低	市場と階層組織の混合形態（準市場など）、ネットワーク	医療・福祉（失業や住環境喪失による需要創出）	医療・福祉（供給の減少）、教育
私的財・サービス	高	階層組織（民間組織の内部供給）、ネットワーク	—	—
	低	市場	—	食料、生活用品、住環境

資料：筆者作成

て財・サービスの供給が減少したり、新規需要が創出されたりした際に、適切な需要水準まで財・サービスを効果的に供給するための社会の適応過程であると捉える。災害が起こると、平時にさまざまな財・サービスを供給するためのガバナンスがうまく作動しなくなる。財・サービスを適切な供給水準まで回復させ、平時のガバナンスに戻し、被災者の利益を確保するために、国・都道府県・市町村・営利企業・サードセクターの組織といった災害対応を実施するさまざまなアクターを規律づけるメカニズムである災害対応ガバナンスが作動する。平時においては、財・サービスの特性（公共財・サービスか私的財・サービスか、資産特殊性が高いか低いか）ごとにガバナンスが発達している。この平時のガバナンスを前提として、災害時には、財・サービスの不足の発生メカニズムもふまえて、災害対応ガバナンスが作動する。しかし、現在の災害対応ガバナンスが有効性と効率の両面から効果的かどうかは判然としない。特に本書の冒頭で検討した避難環境や在宅被災者の例のように、災害時の居住場所や食料・生活関連サービスを供給したり、福祉サービスを供給したりする災害対応ガバナンスには明らかに問題があるようにみえる。この状況を分析し、改善に向けた提言を行うための準備として、本章では、市場・ネットワーク・階層組織という基本的なガバナンスのモデル（とその混合形態)、取引費用、知識という３つの分析概念を導入した。

本書の目的

ここまで、本書の中核的な分析概念である災害対応ガバナンスと、それを分析するための概念（基本的なガバナンスのモデル、取引費用、知識）について説明してきた。本章の最後に本書の目的を説明しておきたい。

本書の目的は以下のとおりである。まず、災害対応ガバナンスという概念を通じて、日本社会の現在の災害対応のメカニズムについて、把握する。そして現在の災害対応が悪しき結果を生み出していることの、根本的な理由に迫る。さらに、その改善に取り組んでいる事例をヒントに、被災者に利益をもたらさない現状のメカニズムを改善するための提言を行う[14]。

第2章

なぜ災害対応、特に被災者支援は混乱するのか

日本社会の災害対応ガバナンスの構造的な失敗

上＝避難スペースとなる市役所（熊本地震）
下＝罹災証明書発行の申請風景（熊本地震）

前章では、災害対応ガバナンスがどのような考え方なのかを説明した。本章では日本の災害対応が混乱する根本原因は何なのかを検討する。本章で注目するのは災害自体がもつ特性、災害時における地方自治体に期待される役割と実際、現行の被災者支援制度の実態である。

2.1　災害の「社会的課題」としての特性

最初に災害の特性をみておきたい。特性といっても地震がどうだ、大雨がどうだ、ということをみたいわけではない。例えば、高齢化、貧困、環境問題、インフラの老朽化、学校でのいじめなど、一般に市場のみでは解決が難しく、政府が関与すべきとみなされるさまざまな「社会的課題」のなかで、災害はどのような特性をもつのかということを確認しておきたい。

なんといっても災害の特性は、「ある地域にたまにしか起こらない」ということに尽きる。例えば高齢化や貧困などの「社会的課題」は、地域によって程度の差はあるが、ある地域に局所的に生じているというよりは、全国にまんべんなくある。そのため、政府として介護保険制度をつくったり、生活困窮者自立支援制度をつくったりして、どの地方自治体であってもまんべんなく対応することになる。環境問題、インフラの老朽化、学校でのいじめなどについても、多くの地方自治体でなんらかの対応を行っている。

しかし、災害はどうであろうか。防災や危機管理としてなんらかの準備はどの地域でもしている。しかし、実際に災害対応を行うことはあるだろうか。これは実際に災害が発生した地域・地方自治体しか経験しない出来事である。他の「社会的課題」に比較して、災害は「ある地域にたまにしか起こらない」ものである。これは、「社会的課題」への対応としては困難な事態を引き起こしてしまう。災害対応のプロがなかなか育たないし、災害対応を行ったことがある人がごく少数にとどまり、適切な法改正などのルール改善にもつながりにくいのである。災害が発生した直後は社会のいろいろな人が被害の状況が気になり、何かしなければと思う。しかし、のど元過ぎれば熱さ忘れるではないが、時間が経つと報道も減り、関心が薄くなる。ましてや法制度などのルールを変更しようと思うと数年がかりということもざらにあり、関心が続かない。「ある地域にたまにしか起こらない」という災害の特性は、社会としての学習を阻んでしまうことにつながる[1]。

2.2　災害時の地方自治体の役割

では、「ある地域にたまにしか起こらない」災害に対して、日本社会の災害対応ガバナンスにおいては、誰が対応することになっているのであろうか。法律においてさまざまな組織が災害対応を担うことを規定されているが、その中心は地方自治体である。そこで、地方自治体が災害対応において果たす役割が法律上どのように規定されているかを具体的に確認しておきたい。ここで確認するのは災害対策基本法である。基幹的な災害法制である災害対策基本法は、政府（国・地方自治体）を中心とした組織の役割分担、政府の防災計画の策定方法、政府の災害対応の実施体制およびその実施内容など、日本社会の災害対応ガバナンスにおける政府の行為の多くを規定している。

災害対策基本法は1961年に成立した。そして、大きな災害後に災害対策を改善する目的で、頻繁に改正されてきた。2020年3月現在の具体的な内容を検討すると、まず3～5条で国・都道府県・市町村それぞれの基本的な役割分担[2]と、地方公共団体相互の協力（5条の2）を規定している。国および地方公共団体とボランティアとの連携（5条の3）、指定公共機関および指定地方公共機関[3]の責務（6条）、住民等の責務（７条）など政府以外の協力や責務も規定しているものの、８条以降の多くの条項は国や地方自治体についての事柄で、基本的には政府の災害対応にかかわる行為を規律づけるためのルールとなっている。

11～22条では、中央防災会議・都道府県防災会議・市町村防災会議という防災基本計画や地域防災計画などを策定するための会議体について定めている。この会議体による決定を受けた防災計画（34～45条）にもとづいて、政府は災害発生前に災害対応体制を構築したり、被害防止のための対策を行ったりしていくこととなる。

23条では都道府県災害対策本部、23条の２では市町村災害対策本部について規定している。具体的には、地方自治体の災害対策本部長は首長であり、副本部長や本部員は地方自治体職員から任命し、地域防災計画にもとづいて、災害に関する情報収集、災害予防や災害応急対策方針策定とその実施、関係する国や地方自治体、指定公共機関・指定地方公共機関などとの連絡調整（都道府県）や連携（市町村）を行うこととされている。なお国の場合は、非常災害対策本部（その長は国務大臣）や緊急災害対策本部（著しく異常かつ激甚な非常災害の際に設置され、その長は内閣総理大臣）を内閣府に設置することとなる（24～28条の６）。

では、このように政府の基本的な役割分担が決まっているなか、実際に災害が発生した場合、都道府県災害対策本部や市町村災害対策本部として地方自治体は何を行うことになるのであろうか。最終的には被災者の利益のためになんらかの活動を行っていくことになるのであるが、特に発災初期を中心とした活動内容や財政上のルールを定めたものが災害救助法である。

災害救助法は、憲法や地方自治法、生活保護法（旧法）と同時期である1947年に成立した、災害時の被災者救助の基本的なルールを定めた古い法律である。災害対策基本法ほど頻繁には改正されず、第1次〜第3次までの大きな改正を経た現行法においても、国家の責任、地方自治体による救助の実施、現金給付をはじめとして地方自治体に救助実施にあたって大きな裁量が条文上は認められている点、日本赤十字社の位置づけなどは、成立当初から一貫している。災害に対応する組織の運営についての規定が1962年に災害対策基本法に移管されたり（上述した災害対策本部など）、救助の種類が増加したりしてはいるが、被災者救助にかかわる各アクターの役割分担に根本的な変化はみられない

災害救助法によって地方自治体が供給することができる財やサービスは、救助の種類として、以下のように掲げられている。「避難所の設置」「応急仮設住宅の供与」「炊き出しその他による食品の給与」「飲料水の供給」「被服、寝具その他生活必需品の給与・貸与」「医療・助産」「被災者の救出」「住宅の応急修理」「学用品の給与」「埋葬」「死体の捜索・処理」「障害物の除去」。ここには本書冒頭で掲げた混乱する「避難所」も含まれている。

2.3　組織理論からみた地方自治体 ——平時のガバナンスの内容

上述したように、災害対策基本法や災害救助法によると、日本の災害対応における中心的アクターは地方自治体ということになっている。ただし、当然ながら災害対応だけが地方自治体の仕事ではない。むしろ地方自治体にとって災害対応は例外中の例外の仕事である。地方自治体の仕事の多くは、公共財・サービスを中心に、平時にさまざまな財やサービスを供給することである。地方自治体は例えば以下のような財やサービスを平時に供給している。道路や河川といった土木構築

物、教育（学校）や公園、住民登録サービス、生活保護などの公的扶助やケースワーク。供給する財やサービスは非常に多様である。

日本においては官僚という言葉が一般に行政職員を指す言葉として使われていることからして、地方自治体は純然たる官僚組織である、といいたくなってしまう。しかし、地方自治体は、組織理論からみれば、マックス・ヴェーバーによって見出された合理性を追求する組織としての官僚制[4]＝階層組織の純粋な形とはいえない。

営利企業や行政といった経営組織は一般に、変化する外部環境に適合することをつねに目指している。経営組織は、組織のみで完結した存在（クローズ・システム）ではなく、環境によって活動が制約される存在（オープン・システム）であり、外部からの入力をもとにして、組織の目的に沿って、なんらかの財・サービスを効果的に出力することを目指している。当然、地方自治体も例外ではない。ただし、官僚制＝階層組織のモデルとなった軍隊や、現代において、その典型とみなされている営利企業に比較して、地方自治体という組織は複雑である。

営利企業のステークホルダー（利害関係者）は株主などに限られ、地方自治体と比較して少数である。その少数の要求にもとづいて目的を追求するため、営利企業は官僚制＝階層組織のモデルに当てはまりがよい。しかし、営利企業と比較すると、地方自治体は厳密な意味での官僚制＝階層組織ではないものとして特徴づけられる[5]。地方自治体は、民意を反映させることによって存立を保障されている組織であり、トップマネジメントとしての首長のみならず、議会、市民、利益団体などの多様な要求が入力される。そのため、地方自治体は官僚制＝階層組織が狙う本来の合理性を追求できないジレンマを抱える組織として存在している。営利企業に比べて多くの経路で環境と相互作用し、政治的な交渉や、中央政府の政策変化、市民や利益団体からの要求など、不確実さや曖昧さを与件として受け入れている。

地方自治体は、部局や現場の職員がそれぞれに異なる外部環境に対面している。結果として、部局や現場は自律的に裁量をふるい、しかも、部局や現場同士の関連は希薄な状態で全体としての経営組織を成り立たせている[6]。例えば、福祉部局であれば、住民や福祉サービスを供給する事業者の要求に対面し、ケースワーカーなどは「ストリートレベルの官僚制」[7]として、例えば、市民にどの福祉制度を利用してもらうかといった形で、一定の裁量をもっている。経済部局は商工会議所や有力な営利企業と対面することになる。

一般に、地方自治体が財やサービスを供給する際、消防や救急救命のように外部環境にアクターが少ない場合、地方自治体が直接供給する階層組織としてガバナンスしている。逆に、外部環境として対面するアクターが多数存在する場合は、さまざまな事務を入札によってアウトソースするなど、市場としてガバナンスすることが多い。外部環境として対面するアクターが比較的少数の場合、委員会にさまざまなステイクホルダーの代表者に参加してもらって合意をとったり、さまざまな組織が参加している利益団体と交渉したりと、一種のネットワークとしてガバナンスする場合もある。福祉サービスなど、多くの事業者が存在するものの受益者負担が難しい場合は、介護保険に典型的にみられるように、市場と階層組織の混合形態である準市場としてガバナンスする場合がある。

このように部局や現場が異なる外部環境に対面していることを一因として、いわゆる「部局の縦割り」が生まれてしまうことになる。結果として、環境保全と開発など、異なる部局同士で対立する利害を同じ組織のなかでもつことになる。そのため、組織内でさまざまな利害関心が容易にまとまりきらないので、組織目標は抽象的なものにならざるをえない。経営学者の田尾雅夫の言葉を借りれば「目標自体が虚構」[8]となってしまう。ある目標に沿って、一枚岩の体制として合理的に管理体制を組み立てることは困難である。部局同士の対立の解消は、首長をはじめとした一部のマネージャーが出席する庁議などを通して首長自らが裁定することもあれば、より現場に近い職員同士で調整されることもある。当然、政治家である首長自身も議会や支持者からの要求に拘束されている。そのため、部局間の裁定や調整を行う境界連結活動（boundary spanning）の方式や、調整のための非公式組織の構成のされ方は、地方自治体ごとにまちまちとなる。結果として、裁定・調整にかかわる組織ごとに特有の規範が形成されることになる。例えば、筆者は、災害時、複数の地方自治体の災害対策本部に参与し、災害対応の助言を行ってきたが、地方自治体ごとに実質的な裁定や調整を行う職位が異なっており、その多様性に驚かされてきた。同じ地域にある地方自治体の間でも、裁定や調整を行う規範が相当に異なることがあった。ある地方自治体では、課長級や一般職員が部局を超えて積極的に調整しているかと思えば、別の自治体では課長級・一般職員が部局を超えて調整することがはばかられ、首長をはじめとした庁議メンバー間でしか調整できないこともあった。

合理的な管理が難しい階層組織としての地方自治体は、平時には部局ごとに異なる外部環境に適応し、通常は１年を基礎的な時間単位として運営されている。年度途中の第３四半期ごろから次年度の事業計画や予算要求が部局を単位として始まり、年度末に次年度予算が決定し、第１四半期からはその予算を計画にもとづき執行していくことになる。地方自治体の規模にもよるが、比較的少数の事務所で多くの職員が空間を共にして平時の業務を行っている。また、中核的な職員については、２年や３年といった比較的短期間で異動する、ジェネラリスト育成型の人事が行われていることが多い。必然的に、ある専門分野の熟練は欠如しがちになる。

以上を要約すれば、平時の地方自治体の特徴は以下のようになる。地方自治体は、異なる外部環境に対して異なるガバナンスを作動させて適合している部局が寄り集まった、開放的（オープン）な階層組織である。外部環境が複雑なために各部局が大きな裁量をもち、部局ごとの利害が対立することも一般的で、統一した組織目標に沿って合理的に管理することは困難である。結果として、地方自治体ごとに裁定・調整にかかわる特有の規範が形成されている。組織の基本的な時間単位は1年であり、多くの職員が空間を共にして仕事をしている。中核的な職員は比較的短期間で異動するジェネラリストである。

2.4　災害発生後の混乱の理由
――地方自治体の知識や体制の構造的な欠如

平時には上記のように環境に適応している地方自治体は、大規模災害が発生した際、どのような状況に陥るのだろうか。阪神・淡路大震災のように発災の時間帯によっては職員が庁舎に通勤できない場合もあるであろうし、東日本大震災の陸前高田市のように庁舎自体が物理的に破壊される場合や、職員に多数の死者が出る場合もあるため、マネジメント全般が混乱する。くわえて、部局ごとに異なる外部環境に対面していることから、その機能不全の様相は部局ごとに異なる。例えば平時から24時間体制で要員が確保され、緊急事態に備えることを常としている消防部局は、仮に通報件数の増加などに見舞われたとしても、平時の業務と同種の状況に対面し、ガバナンス上の混乱は比較的少ないと考えられる。しかし、事業者が活動できないことで福祉サービスが供給できないといった例のように、市場や準市場としてガバナンスしている部局は、ガバナンスのメカニズム自体は変わらないとしても、外部環境として対面するアクターの状況に依存する。

近年の大規模災害の検証から混乱の様子を具体的に検討したい。例えば、国がまとめた熊本地震における初動対応の検証において、改善が必要な主なテーマとして、地方自治体支援、避難所運営、物資輸送があげられている[9]。同様に、熊本県による熊本地震の検証においては、被災者のニーズの変化などに対応した物資提供が困難な点や避難所運営の適正化が課題としてあげられている[10]。逆に、インフラについての記述は少なく、国においてはわずか１項目のみの扱いで、比較的早期に復旧したという論調である[11]。つまり、本書冒頭でふれた避難所や物資配布など被災者の居住や生活にかかわる財・サービスの供給においては、その供給体制の補強（地方自治体間の応援）を含めて混乱が生じ、道路や河川の維持といった財・サービスの供給においては混乱が少なかったということである。

なぜ、供給する財・サービスによって混乱に差がみられるのであろうか。それを解くカギは前章で掲げた表 1-2 にある（再掲する）。この表において、救命救助、治安維持、公共土木施設など、平時から地方自治体が直接供給している、つまりは政府という階層組織によってガバナンスが行われている財・サービスの供給は混乱が少ない。逆に、医療・福祉など準市場やネットワークによって供給されている、つまりは、階層組織と市場の混合形態によるガバナンスや、ネットワークによるガバナンスが行われている財・サービス、そして食料、生活用品、住環境など民間組織が生産して取引する財・サービス、つまりは市場によるガバナンスが行われている財・サービスの供給は混乱する[12]。

考えてみれば、これは当然のことである。道路や河川は普段から国や地方自治体が管理し、修繕している。消防は普段から地方自治体の仕事である。普段からやっている仕事だからこそ、災害時にそれを早回ししたり、応用したりすることには混乱が生じにくい[13]。逆にこれ

表1-2（再掲）　財・サービスの性質からみた平時のガバナンスと不足の典型例

財・サービスの区分	資産特殊性	平時の供給における典型的ガバナンス	災害時に新規需要が創出される財・サービスの典型例	災害時に供給が減少する財・サービスの典型例
公共財・サービス	高	階層組織（政府による直接供給）	救命救助、治安維持	公共土木施設（道路・河川など）
	低	市場と階層組織の混合形態（準市場など）、ネットワーク	医療・福祉（失業や住環境喪失による需要創出）	医療・福祉（供給の減少）、教育
私的財・サービス	高	階層組織（民間組織の内部供給）、ネットワーク	—	—
	低	市場	—	食料、生活用品、住環境

資料：筆者作成

らの財・サービスは政府以外のアクターがうまく供給することを想像しづらい。これに対して、普段供給したことがない財やサービスをいきなり供給しろといわれても、なかなかうまくいかない。例えば、物資配送を普段から行っている運送会社では当たり前の行為が、地方自治体では決して当たり前ではない。市役所の玄関に仕分けもされない物資が、荷物を載せるための荷役台（パレット）に載せられもせず段ボール箱のまま山積みされる。運送会社からみれば素人仕事ということになる。当然、物資輸送は混乱する。数日以上に及ぶ避難所運営を経験したことがある地方自治体職員はほとんどいない。どんな避難所運営が正しいのかもわからない。目の前にお年寄りが床で寝ていることが引き起こす問題にピンとこない。しかし、物資配布も避難所運営も、法律上、地方自治体の役割と規定されている。しかも、1947年に成立した、普段使うことがない災害救助法を使って行うわけである。

いわば、普段運転したことがない1947年製のクラッシックカーをいきなり運転しろと言われ、エンジンのかけ方すらわからないなか、急にカーレースが始まるようなものである。うまくいくわけがない。

しかし、地方自治体ごとに災害対応にかかわる計画があるのではないか、との疑問もあろう。社会学者の野田隆によれば、計画とは予期された問題に対する選択可能な解決案を集めたものである。それゆえ、予期される問題においては解決策を新たに考える必要がなく、組織内や組織同士の動きの予測可能性も高める効果をもつ。つまり、計画とは、予期される問題に対する解決策を複数のアクターが参画して実施する際の取引費用を低下させる行為である。しかし、過去の災害からあらかじめ想定されている問題にまで、「想定外」という言葉が頻繁に使用されることにあらわれるとおり、計画には予期されない問題を見過ごし、悪化させる側面もある[14]。普段行っていない、慣れない仕事こそ、このような予期されない問題の見過ごしや悪化を引き起こしがちな領域となってしまう。

「ある地域にたまにしか起こらない」災害の対応、そのなかでも慣れない仕事＝知識やノウハウ、適切な供給体制を持ち合わせていない仕事を、地方自治体が中心になってやることになっている日本社会の災害対応ガバナンスこそ、戦前から避難所の水準が大きく変わらない最大の原因だと私は考えている。これは、普段からいつどこに起こるかわからない災害に対して、防災・危機管理などとしてそれぞれの地方自治体で人材や予算などの資源をつぎ込むことはできず（例えば練習を兼ねて普段から宅配便の業務を地方自治体が直接行っているといったことを想像してほしい）、地方自治体という仕組みのなかで知識やノウハウを維持向上していくことが難しいという構造的な問題である。決して地方自治体職員の努力不足のような精神論に還元してはならない。

「知識や体制の構造的な欠如」はそれぞれの財・サービス供給の混乱のみならず、災害対応全般を左右する戦略策定にも影響を与えてしまう場合がある。地方自治体は、１年を基本的単位とし、ジェネラリストを中核としながら、異なる外部環境に対して異なるガバナンスを作動させて適合している部局が寄り集まった開放的な階層組織であることは上述した。この緊急の対応に慣れていない地方自治体に災害対応の全般的なマネジメントを行わせるのが、日本社会の災害対応ガバナンスである。ゆえに、地方自治体が災害対応に慣れていないとしても、ある地域の災害対応全般の戦略策定は地方自治体が中心にならざるをえない。

慣れていないので当然といえば当然であるが、「知識や体制の構造的な欠如」は、地方自治体が災害対応全般の戦略を描く際にも影響を及ぼしてしまうことが多い。それは、発災初期の情報取得が容易でないなか、災害の規模を過小評価したり、その問題の所在を捉え違えたりしてしまい、適切な対応をとらないといったこと、つまり、「災害の全体像の見誤り」として、しばしばあらわれる[15]。過小評価や捉え違いをした「災害の全体像」が組織内の標準的な認識となってしまうと、その後の対応にも影響を与え、さらなる混乱が経路依存[16]的に生み出されてしまう。具体的には、対策のための予算編成規模の見誤り、仮設住宅建設戸数の度重なる追加、被災者の状況を捉え違え、その結果、適切な支援の仕組みを立ち上げられないといった事態が生じる。さらには、過去の災害の経験に引きずられるといった経路依存も生じる。例えば、１日や２日程度の避難所運営の経験をもとに長期間にわたって避難所を運営してしまい、３週間経っても食事はジャムパンとおにぎりのみといったように、避難所環境が低水準のまま改善されないことなどは典型的な事例である。

「災害の全体像」とはどのようなものか。それはまず「被害の概況」

や「現状認識」としてすぐにわかるようにまとめられた文章、どの地域がどのような被害を受けているかを簡略に示した地図、また上位の都道府県レベルではインフラ・避難所・物資といった災害対応のテーマごとの機能発揮状況をレベル分けしたものなどとして、具体的に表現される。そしてそれらが、組織の構成員全体や、対応に参画する諸組織に共有される。「要するに……の被害がある災害なので、直近には……、中長期的には……といった問題が予想され、……を優先的に行う必要がある」といったこととして、組織の構成員や災害対応に携わる組織が共有しているイメージこそ、「災害の全体像」である。

こういった「災害の全体像」は、手馴れてくれば、ニュースレベルの情報からだけでも、ある程度把握することができる。「これから大きな地震が起きない限り、すみやかに道路復旧が進めば、熊本でも食品や燃料などの物資の状況は近日中に改善すると思います。どちらかというと問題は、広い地域が被災していることと、余震が続いているため、家屋の危険度判定が進まず、避難所から人が家に戻れず、また、片付けなどできず、避難所生活が長期化することだと思います。しばらくニーズが高いと考えられるのは、生活環境が悪化した避難所への支援だと思われます。要配慮者への対応も心配です。指定外避難所も複数あるようなので、行政が把握していない場合は、困窮していくことも考えられますが、連絡手段が生きていることが多いので、東日本大震災ほどではないと考えられます。仮設住宅はプレハブ建てになるか、民間賃貸住宅になるかは不明瞭です。ただどちらにしろ、被災困窮者は一定数出てくると思われます。雇用の場はそう失われていないので、失業にかかわる問題は相対的に少ないと思いますが、今後、高齢者、引きこもりの人、二重ローンを抱える人など、被災困窮者が出てくると思います。住宅被害の全容はしばらくわからないと思うので、絶対量はわかりませんが」。これは熊本地震の本震発生翌日の 2016 年

４月17日に、ニュースや伝聞情報だけを使って筆者が作った「災害の全体像」で、何人かの支援者と共有したものである（今みても、それほど大きなずれはないと感じる）。

このような言語情報だけでも、組織内で共有できているかいないかで大違いになることがある。異なる外部環境に対して異なるガバナンスを作動させて適合している部局が寄り集まった地方自治体という組織の特性上、「災害の全体像」や、それにもとづく基本的な災害対応戦略が共有されていない限り、部局ごとにみえる範囲のなかだけで最善手を打つような、部分最適を求める施策を行うことになる。そして、地方自治体という組織全体としては、ちぐはぐなことをしてしまう場合がある。ある地方自治体では、大規模災害に際して、避難所を所管する部局が４つ（学校やスポーツ施設など施設の種類ごとに２つ、大物の物資と小物の物資ごとに２つ）に分かれてしまい、それぞれに部分最適を求めるという結果になってしまった。平時においても縦割りが問題だといわれる地方自治体であるからこそ、緊密な部局間調整がよりいっそう求められる災害対応において、縦割りの弊害はより強く生じてしまう。逆に、「災害の全体像」を即座に組織の構成員や災害対応に参画する組織間で共有することができれば、地方自治体においても、どのような対応に注力する必要があるのかが理解できる。なお「災害の全体像」は暫定的なものであり、厳密さや正確さはさほど重要でない。被害予測が大きいほうにずれるのであれば、多少ずれていたってかまわない。「災害の全体像」は組織の構成員や支援者が抱くべき対応にかかわる仮説のようなものである。情報が集まり、仮説がずれているとわかれば修正すればよいのだ。

しかし、地方自治体の平時のガバナンスがこのような「災害の全体像」を適切に生み出すことを阻害することもある。先述したように地方自治体という組織の基本的な時間単位は１年であり、中核的な職員は比較的短期間で異動するジェネラリストである。そのため、情報収集の時間単位も1年程度の長期間を前提し、市民や議会への説明などもミスがない正確さを求められることが常である。結果として、発災初期には数時間、その後も1日から数日の単位で数値が変動するような情報の取り扱いに慣れていない。正確ではない未確定情報は取り扱わない・公表しないといった対応を行いがちであり、結果として「災害の全体像」がまとまらない。「災害の全体像」がまとまったとしても、被害予測が大きいほうにずれるのではなく、小さいほうにずれているといったことが起こってしまう。こうなると、適切な災害対応は難しい。

「災害の全体像の見誤り」の具体例を筆者の参与観察から確認しておきたい。2018年の西日本豪雨（平成30年7月豪雨）[17]におけるA県の事例を取り上げたい。A県は、被災市町村における被害にかかわる情報や、被災市町村の災害対応状況にかかわる情報について、主に被災市町村からの報告など公式的な経路を通じて把握していた。この情報の把握は、災害対応の専門知識が豊富とは必ずしもいえない県職員が、頻繁に交代する状況で行われていた。災害対応の専門知識がない県職員に、引き継ぎ書などによって、被災市町村に何を聞くのかが伝えられ、電話などを通じて被災市町村の担当職員から情報を把握することが基本であった。また、被災市町村に派遣されるリエゾン（連絡調整員）は地方振興部局など本庁以外の職員である場合が多く、災害対応の専門知識はやはり豊富とはいえなかった。結果として、例えば、きちんとした調査ができていないだけで数百・数千棟レベルの家屋が浸水被害を受けているような状況が被災市町村としては把握できていたとしても、確定している数棟レベルの情報しかA県庁には伝わっていないという状況が発生していた。

また、例えば被災地外から応援に入った別の地方自治体職員や、専門的なNPOなど、直接現地の被害状況を確認している組織との情報のやりとりは少なかったと思われる。応援に入った地方自治体職員のなかには災害対応に手慣れた人物もおり、NPOも災害対応経験を積んだ組織が多かった。彼らは「災害の全体像」を数値にはできないものの比較的正確につかんでいた。しかし、A県の災害対策本部において彼らの情報は重視されなかったと考えられる。この事態が生じた要因は複数考えられるが、最も重大なものとして、こういった数値にあらわすことが即座には難しい質的な情報を、組織間で公式的に扱う情報交換経路が整備されていなかったことがあげられる。実際に、応援に入った地方自治体職員とA県の間の会議は、発災初期に応援に入る市町村の割り当てを調整するために1度だけ開かれただけであったようである。その後は継続した会議は開催されず、公式的な情報交換はなされていなかった。また、専門的なNPOなどと事前に関係性を結んでおらず、その情報が信用に足る適切なものかを判断することも難しかったと考えられる。結果として、ある応援自治体職員が「ペーパーに振り回された災害対応」と述べたように、公式的な経路を通じて把握された確定した数値を中心に、実際の被害より相当に小規模な被害情報によって「災害の全体像」を描いて災害対応を行っていた。

過小な情報を補正することなく用いることで「災害の全体像」を見誤った結果はさまざまな対応に影響を与えた。A県は当初、被害規模を実際の被害の2分の1から3分の1程度に見積もっていたようだ。その状況が、住宅被害の調査（罹災調査）の申請数によって被害棟数の規模感が判明した発災後3週間程度まで続いた。そのため、被災市町村に十分な応援職員を送ることができず、被災者支援などとして編成された補正予算の規模にも混乱が生じていた。このような状況のなかでA県として打ち出される施策について、ある応援自治体職員が「また、A県さんがおかしな対応をしだした」と、自らが把握する災害の全体像にもとづいて評価していたことが印象的であった。

当然、これまでにもこの種の問題は把握されており、「災害の全体像の見誤り」を避けるための取り組みがないわけではない。例えば、建築学者の近藤民代らが重視する状況認識の統一と、それを実現するための目標管理による災害対応は、政府の災害対応に状況の見積もりとマネジメントサイクルにもとづく対策を持ち込むものである[18]。また、防災科学技術研究所のクライシスレスポンスサイト[19]における建物被害推定などは、「災害の全体像の見誤り」を防ぐ情報を提供する取り組みである。また、災害対応にあたる地方自治体職が把握されたさまざまな情報にもとづいて各種対応を行いやすいようにとの観点から、災害対応を行うオペレーションルームといった執務空間のレイアウトも検討されている[20]。しかし、近年においても、しばしば「災害の全体像の見誤り」は発生してしまう。平時の慣性とでもいおうか、平時のガバナンスが災害対応ガバナンスの効果的な作動を抑制することにつながってしまう。平時に最適化している地方自治体がもつ組織特性自体が「災害の全体像の見誤り」を生み出しやすい、ということを自覚する必要がある。

2.5　たまたま住んでいた家の被害を基準とした被災者支援

地方自治体の「知識や体制の構造的な欠如」から、緊急期の災害対応が混乱することをみてきたが、緊急期が終わっても、被災者支援は混乱し続けることが多い。その主たる原因は法的・慣習的につくられてきた制度に由来する。端的にいうならば、制度上の支援策を打つかどうかの基準が、被災者が実際の暮らしに負ったダメージを反映できないことが混乱の大きな理由であると考えられる。

まずは、被災者支援が制度上どのように行われるのかをみておきた

表 2-1　基本的な被災者支援制度

対　象	災害法制にもとづく制度	平時の諸制度（とその拡張）
個人／世帯	避難所の開設や物資の供与	生活福祉資金制度による貸付
	応急仮設住宅の供与	年金担保貸付、労災年金担保貸付
	応急修理制度	生活保護
	被災者生活再建支援制度	生活困窮者自立支援制度
	災害弔慰金	医療保険、介護保険の保険料・窓口負担の減免措置等
	災害障害見舞金	障害福祉サービス等の利用者負担金の減免
	災害援護資金	雇用保険の失業等給付
	義援金（法制度ではないが災害時に委員会で配布）	職業訓練
中小企業／自営業主	天災融資制度	日本政策金融公庫、沖縄振興開発金融公庫による資金貸付
		小規模事業者経営改善資金（マル経融資）
		災害復旧貸付
		セーフティネット保証
		災害関係保証

資料　内閣府ホームページより筆者作成

い（表 2-1）。被災者支援は、主として個人や世帯向け、および、中小企業や自営業主向けに分かれている。さらに、災害救助法や被災者生活再建支援法など、災害に対応するために特別につくられた制度である「災害法制にもとづく制度」と、介護保険法や障害者総合支援法などの平時の社会保障や、中小企業対策などをそのまま使用したり、災害時特例を設けて拡張したりする「平時の諸制度（とその拡張）」の２つに分かれる。形の上ではさまざまな領域をカバーしているようにみえる。しかし、実際に災害が起こり、これらの被災者援制度を使用するとなると大きな問題が起きてしまう。

表2-2は基本的な被災者支援制度の根拠となる法制度や通知、一般に対応が想定される地方自治体の窓口、支援形態を整理したものである。さまざまな根拠にもとづき、さまざまな部局が対応し、さまざまな形態の支援が存在することがわかる。このような被災者支援制度を、災害時における知識や体制が構造的に欠如し、平時からそれぞれに異なるガバナンスを作動させて適合している部局が寄り集まった地方自治体が運用することになる。そうなると、大規模災害の被災地では以下のような事態を頻繁に引き起こしてしまう。

被災者は、いったい自分はどんな支援を受けることができるのか、何をしなければならないかを確認しに市役所に行く。しかし、各窓口では災害が起こってから付け焼刃的に得た知識で被災者支援制度を説明・提供するだけで、自分たちの部局以外のことはよくわからないといった対応をせざるをえない。そのため、被災者がそれぞれの窓口に申請に赴くことを強い、たらいまわしの結果、市役所のエレベーターが大混雑している。それでも市役所にたどり着けた人はまだよい。例えば高齢者などそれもままならない人は各種申請すらできないことも多い。災害において縦割りと申請主義の極限のような状況を呈してしまうことになる。放っておくと基本的な被災者支援制度は、まるで「認知があやふやな高齢者に電話帳をみて自分で申請してくれ」というような状況で運用されることになってしまう[21]。

さらに、基本的な被災者支援を受けるための根拠にも大きな問題がある。行政が被災者支援を提供するということは、誰が被災者であるかを判別しなければならないことを意味する。その基準が「罹災証明書」の区分である。

まずは、被災者からみて、基本的な被災者支援はどのようになされるかをみておきたい（図2-1）。被災者は災害においてさまざまなダ

表 2-2　基本的な被災者支援制度の根拠法・対応窓口・支援形態

制　度	根拠法等	一般的に対応が想定される地方自治体の部局	支援形態
災害弔慰金	災害弔慰金の支給等に関する法律	福祉部局 or 復興部局	給付・還付
被災者生活再建支援制度	被災者生活再建支援法	福祉部局 or 復興部局	給付
災害援護資金	災害弔慰金の支給等に関する法律	福祉部局 or 復興部局	貸付
生活福祉資金制度による貸付	厚生省事務次官通知に基づく社会福祉協議会の事業	福祉部局？	貸付
母子父子寡婦福祉資金貸付金	母子及び父子並びに寡婦福祉法	福祉部局	貸付
年金担保貸付、労災年金担保貸付	独立行政法人福祉医療機構の事業	保険年金部局？	貸付
教科書等の無償給与	災害救助法	福祉部局 or 復興部局	現物給付
小・中学生の就学援助措置	文部科学省の事業	教育部局	給付・還付
国の教育ローン	日本政策金融公庫の事業	？	貸付
児童扶養手当等の特別措置	特別児童扶養手当等の支給に関する法律	福祉部局	給付
地方税の特別措置	総務省通達等	税務部局	減免・猶予

メージを受ける。家族を失う、自身がけがをする、家が壊れる、家財を失う、職場が被災し失業する、通っていた介護事業所が被災し安定したサービスを受けられなくなるなど、さまざまなダメージを被災者それぞれに受ける。しかし、すべてのダメージに対して公的な支援が用意されているわけではない[22]。発災初期は避難所に行きさえすれば誰でも支援を受けられる（しかし、単身高齢者や重度障害者など避難所に行けない在宅被災者は支援を受けられないことが多い[23]）。そこで

制　度	根拠法等	一般的に対応が想定される地方自治体の部局	支援形態
障害福祉サービス等の利用者負担金の減免	障害者総合支援法等	福祉部局	減免
公共料金・使用料等の特別措置	各機関の基準	水道局等	減免・猶予
放送受信料の免除	日本放送協会の基準	？	減免・猶予
生活保護	生活保護法	福祉部局	給付・還付、現物支給・現物貸与
雇用保険の失業等給付	雇用保険法	？	給付
職業訓練	職業能力開発促進法	？	給付・還付、サービス
弁護士費用の立替等に係る民事法律扶助制度	日本司法支援センター（法テラス）の事業	？	サービス、立替
住宅金融支援機構の融資	住宅金融支援機構の事業	？	貸　付、減免・猶予
よりそいホットライン	厚生労働省の事業	福祉部局？	相談窓口
天災融資制度	天災融資法	農林部局	融資
日本政策金融公庫による資金貸付	日本政策金融公庫公庫の事業	商工部局？	融資
セーフティネット保証	中小企業庁の事業	商工部局？	信用保証

資料　内閣府や厚生労働省など中央省庁のホームページより筆者作成

受けられる支援は災害救助法にもとづく災害救助であり、避難所、炊き出しなどによって供給される食品や飲料水、給与もしくは貸与された被服・寝具・その他生活必需品など、地方自治体によって提供されるものである。地方自治体はこれらの財・サービスを平時に供給することが少ないため、上述したとおり頻繁に混乱する。同時並行で、被災者の救出、埋葬、遺体の捜索、障害物の除去などが避難所以外で行

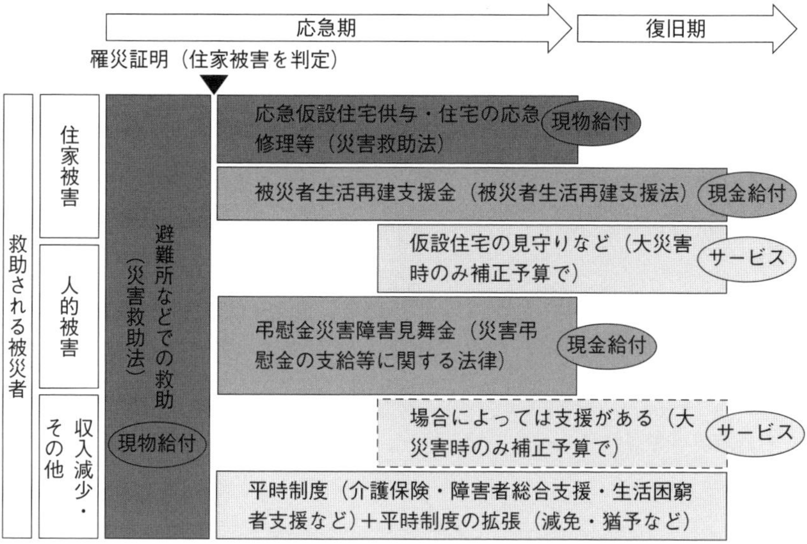

図 2-1　被災者からみた基本的な被災者支援制度

資料　筆者作成

われていることも多い。これらの財・サービスの供給は被災地の誰に対しても行われる。在宅被災者など、避難所に行くことができない被災者が被災者であるとみなされない場合は問題であるが、誰が被災者かを判別することは基本的に行われない。

しかし時間が経つと、誰が被災者かを判別する必要が出てくる。その際に現在最も重視されている根拠が、罹災証明書の区分である。罹災証明書とは簡単にいえば、災害時たまたま住んでいた家の壊れ具合いの公的な証明である。一般的には被災者自身による申請ののち、市町村が被害状況の調査を行ったうえで、全壊、大規模半壊、半壊、一部損壊などの住家の損壊程度を証明した書類を発行する。ただし、罹災証明書の区分がさまざまな被災者支援の基準として用いられてきた歴史は浅い。建築学者の牧紀男によれば、罹災証明書の区分を被災者支援の基準として用いるようになったのは、実は1995年の阪神・淡路大震災からである。それまでは被災者支援の基準として使われてきたわけではなく、あくまでも災害救助法を適用するかどうかの住家被害の量の確認のために罹災証明書を発行する調査が用いられてきた[24]。東日本大震災を受けた災害対策基本法の改正（2013年）では、この罹災証明書を各種被災者支援の基準として用いることが定められた。これによって罹災証明書がはじめて法的に位置づけられることになった[25]。

現在、罹災証明書は、各種被災者支援の制度適用の判断材料として活用されている。例えば、給付（被災者生活再建支援金など）や義援金、融資（住宅金融支援機構融資、災害援護資金など）、減免・猶予（税、保険料、公共料金など）、現物給付（災害救助法にもとづく応急仮設住宅、住宅の応急修理）などが、罹災証明書の区分に紐づけられている。例えば、災害によっても少しずつ異なるのだが、一般的に全壊や大規模半壊の世帯のうちの希望者に応急仮設住宅や、一般のアパートを応急仮設住宅として扱う「みなし仮設」が供与されることになる。しかし、少し考えればわかるとおり、被災者が受けたさまざまなダメージを、たまたま住んでいた家の壊れ具合いであらわせるわけがない。公的支援の基準と実際のダメージの多様性との間のズレがさまざまな問題を引き起こしてしまう。

実際にズレを確認しておこう[26]。東日本大震災で被災した仙台市内のみなし仮設入居世帯を対象に、郵送により被災１年後と３年後にアンケート調査を実施した[27]。調査の概要は表2-3に示している。この調査結果について、罹災証明書の区分ごとに被災者の社会経済状況をみることから、罹災証明書の区分をベースに支援を実施することが被災者の状況に適合しているかどうかを検討する[28]。まずは罹災証明書の区分ごとに障害者手帳を所持している人がいる世帯の割合をみる（表2-4）。2012年調査、2014年調査の双方で全壊、大規模半壊、その

表 2-3　東日本大震災における仙台市のみなし仮設入居世帯調査の概要

調査名	実施期間	郵送数	配布数	転居済数	回収数	配布数に対する回収率	公表入居世帯数※	公表入居世帯数に対する回収率
2012 年調査	2012 年 2～3 月	2,658	2,581	77	1,369	53.0%	8,437	16.2%
2014 年調査	2014 年 3 月	2,658	2,164	494	802	37.1%	6,360	12.6%

2012 年調査は 2011 年 11 月 30 日時点、2014 年調査は 2014 年 6 月 30 日時点。
資料　筆者作成

表 2-4　罹災証明書の区分ごとにみた障害者手帳を所持している人がいる世帯の割合（仙台市で被災した世帯）

	2012 年調査 (N=932)	2014 年調査 (N=533)
全壊 (2012 年：N=722、2014 年：N=408)	11.1%	13.5%
大規模半壊 (2012 年：N=143、2014 年：N=84)	13.3%	13.1%
その他 (2012 年：N=67、2014 年：N=41)	10.4%	9.8%
カイ 2 乗	.638	.453
df	2	2
有意確率	.727	.797

資料　筆者作成

他（半壊や一部損壊などが含まれる）の間で有意な差はみられない。同様に要介護認定や要支援認定を受けている人がいる世帯の割合においても罹災証明書の区分の間で有意な差はみられない（表 2-5）。また、完全失業率についても罹災証明書の区分間で有意な差はみられない

表 2-5　罹災証明書の区分ごとにみた要介護認定や要支援認定を受けている人がいる世帯の割合（仙台市で被災した世帯）

	2012 年調査（N＝942）	2014 年調査（N＝542）
全壊（2012 年：N＝732、2014 年：N＝415）	10.8%	11.1%
大規模半壊（2012 年：N＝141、2014 年：N＝84）	9.2%	8.3%
その他（2012 年：N＝69、2014 年：N＝43）	13.0%	9.3%
カイ２乗	.725	.635
df	2	2
有意確率	.696	.728

資料　筆者作成

(表 2-6)。つまり、災害時要支援者の代表的な属性であるとみなされている障害者や介護が必要な高齢者は、罹災証明書の区分とは無関係に存在する。また、完全失業率の程度も罹災証明書の区分とは無関係であるといってよい。論理的に当然といえば当然の結果だ。

つまり、災害によって被災者がそれぞれに受けるダメージ、例えば、家族を失う、自身がけがをする、家財を失う、職場が被災し失業する、通っていた介護事業所が被災し安定したサービスを受けられなくなるといったことは、たまたま住んでいた家の壊れ具合いである罹災証明書の区分ではうまくあらわすことはできない。くわえて、家の被害についてもうまくあらわせるわけがない。なぜなら、「たまたま住んでいた家の被害」こそ罹災証明書の区分であるため、その家が持家であっても借家であっても関係ないのだ。持家だと被災者自身が再建や修繕などを行うことになる。住宅ローンが残っている場合もあるであろう。借家なら引っ越してしまえばよいだけの場合もある。しかし、

表 2-6　罹災証明書の区分ごとにみた完全失業率（仙台市で被災した人）

	2012 年調査 （N＝1,296）	2014 年調査 （N＝727）
全壊 （2012 年：N＝1,022、2014 年：N＝556）	15.9%	13.3%
大規模半壊 （2012 年：N＝190、2014 年：N＝93）	16.3%	10.8%
その他 （2012 年：N＝84、2014 年：N＝78）	16.7%	12.8%
カイ 2 乗	.041	.464
df	2	2
有意確率	.980	.793

資料　筆者作成

持家の被災者と借家の被災者が罹災証明書上、同じ区分であれば、受けられる支援は大きくは変わらない。

さらに、法制度の不具合による問題もある。災害救助法に規定される応急修理制度と応急仮設住宅の制度の併用ができないことが、本書の冒頭にみた「在宅被災者」の問題を生んだ直接の原因である。50 万円程度を限度額として現物給付として住家の修理を行うことができる応急修理制度を使うと、住家が修理できたとみなされ、応急仮設住宅の入居資格がなくなるのだ[29]。その結果、東日本大震災後の石巻市では少なくとも 3 桁を超える「在宅被災者」が生み出された。

東日本大震災以後の災害でも、被害を受けた自宅で避難生活を行う「在宅被災者」が相当数に及ぶことが把握されている。例えば、自閉スペクトラム症の子どもが本書冒頭にみたような劣悪な避難所で避難生活を送れるかどうかを考えてほしい。健康に不安がある高齢者はどうであろうか。彼らにとっては避難所で生活するよりも、被災した自宅で生活するほうが安心なのだ。しかし、誰でも救助を受けられる期間である避難所が設置されている段階においても、在宅被災者への支援は災害救助法では十分に行うことはできない。例えば、保健師や福祉の専門職が、在宅被災者の自宅を訪問して、その状況を把握したり、適切な支援につなげたりするような対応は、災害救助法の対象外であるため費用を賄えない。現行の被災者支援制度は、なんとも非合理に構成されている。

2.6　しかし地方自治体抜きでの災害対応は困難

以上でみてきたように、ある地域にたまにしか起こらない災害に対して、１年を基本的な時間単位として、異なる外部環境に対し異なるガバナンスを作動させて適合している部局が寄り集まって平時の状況に適合している地方自治体が、災害対応を行っている。そのため、地方自治体には災害対応の知識やノウハウが構造的に欠如している。平時は市場、準市場、ネットワークでガバナンスされている財やサービスを災害時には地方自治体が提供するため、頻繁に混乱が生じる。また、不確実な情報を処理することにも長けていないため、災害の全体像の見誤りを引き起こしてしまう。いわば災害対応が構造的に苦手な組織に災害対応を押しつけているのが、日本社会の災害対応ガバナンスの特徴である。さらに被災者支援の基準が罹災証明書の区分に紐づけられているため、多様なダメージを受ける被災者の実情にはあわない。災害対応が構造的に苦手な地方自治体が用いる各種制度にも欠陥が多く、応急修理制度や応急仮設住宅も決してよい制度とはいえない。素人に欠陥がある道具を渡して仕事をさせるようなものである。

では、国が地方自治体から災害対応を肩代わりすればよいのかというと、そう単純な話でもない。なるほど、地方自治体よりも災害対応を行う頻度は増えるため、知識やノウハウは蓄積するであろう。ただし、国が災害対応を行うことになると、平時からの地域の情報を災害対応に利用することが難しくなってしまう。例えば、山中で土砂被害を受けた集落がいったいどのような地域なのかを把握しているのは、国ではなく地方自治体であろう。災害時に安否が気遣われ、また、生活再建に困難をきたすことがよくある、高齢者や障害者などの個人や世帯の情報も、地方自治体が把握している。自治会長や民生委員とのつながりをもっているのも地方自治体であり、彼らからの情報を受け止め、適切に解釈できるのも地方自治体である。このような平時からの地域の情報は、国をはじめ地域とつながりがない組織には扱うことができない情報であり、この情報を抜きにして適切な災害対応は難しい。

冒頭でみたような未だ低水準な避難所の環境に端的にあらわれる、災害対応が構造的に苦手な地方自治体。しかし、地域の情報の面からみると、地方自治体抜きでは災害対応をうまくやりようがないというパラドキシカルな現実。日本社会の災害対応ガバナンスをどのように変えることで、この現実にうまくアプローチすることができるのであろうか。それを考えるためにも、次章では日本社会の災害対応ガバナンスがどのようにして現状のようにルールづけられたのかに迫りたい。

第3章

社会保障から孤立する被災者支援

地方自治体中心・ハード中心の災害対応が出来上がるなかで

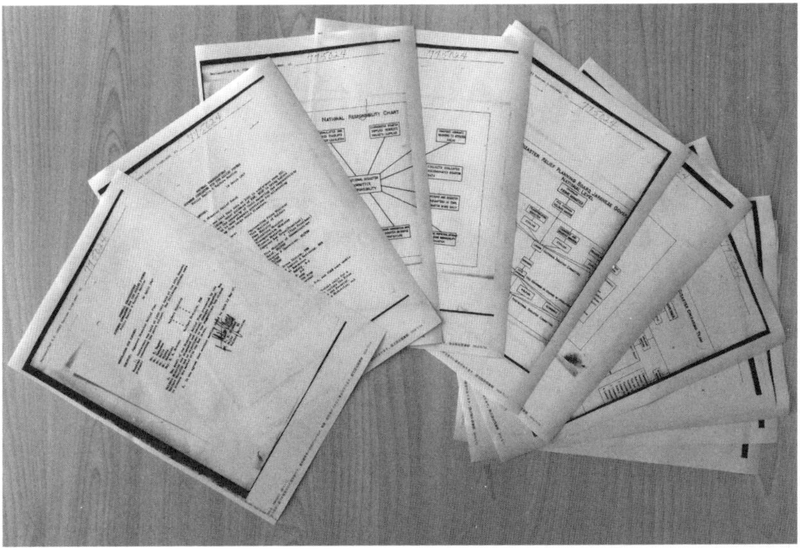

上＝災害救助法成立の経緯が記されるGHQ／SCAP公衆衛生福祉局の資料（国立国会図書館蔵）

下＝被災者生活再建支援法成立のきっかけとなった阪神・淡路大震災の住宅被害（神戸市提供）

前章では、「ある地域にたまにしか起こらない」災害時の対応を、慣れない仕事も含め地方自治体が中心になってやることになっていることこそ、戦前から避難所の水準が大きく変わらないことの最大の原因であると考えられることを説明した。また、現行の被災者支援制度自体、住民がたまたま住んでいた家の被害を基準としており、被災者の多様なダメージをあらわしきれず、決してよくできたものではないことを説明した。本章では、日本社会の基本的な災害対応ガバナンスは、大括りでみればどのようなメカニズムとして構成され、また、どのように変化してきたのかを、法制度を中心に、歴史的に確認しておきたい。

日本社会の基本的な災害対応ガバナンスの形成過程は、①敗戦直後の災害救助法を中心とした基本的な役割分担の確立、② 1959 年の伊勢湾台風後の現代的な災害対応・防災体制の確立、③ 1995 年の阪神・淡路大震災を頂点とした被災者支援関係法の議員立法による成立、④ 1995 年の阪神・淡路大震災以降の災害対応におけるボランティア・サードセクター・CSR・DMAT などの自発性への注目、⑤少子高齢化を背景とした東日本大震災以降の展開、の５つに分けて考えるとわかりやすい。この章ではこのうち①、②、③について考え、次章では④、⑤から現在の災害対応ガバナンスをどう変化させるべきかを考えてみたい。

3.1　災害救助法の成立——基本的な役割分担の成立と混乱

災害救助法の不明瞭さ

災害救助法は、先述したように、憲法や地方自治法、生活保護法（旧法）と同時期の 1947 年に成立した、災害時の被災者救助の基本的なルールを定めた古い法律である。国家の責任、地方自治体による救助実施、現金給付をはじめとして地方自治体に救助実施にあたって大きな裁量が条文上は認められている点[1]、日本赤十字社の位置づけなどは一貫しており、現行法においても、被災者救助にかかわる各アクターの役割分担に根本的な変化はみられない。この法が各アクターの役割を性格づけているため、緊急時の被災者支援にかかわる基本的な災害対応ガバナンスは、法の制定当初から大きな変化はないと考えられる。

しかし、この法の条文や運用をみると、いくつかの不可解な点が見つかる。例えば、条文上では災害救助は国の責務であるとし、そのもとで都道府県知事等が現金給付などの救助を必要に応じて自由に行いうる。だが、実際の運用では国が統制的に救助の内容に基準を設け、それに従って都道府県等が災害救助法施行細則などとして基準を定めて運用し、実際には現金給付を行うといった自由な判断は都道府県等ではできない。このように、いわば中央集権と地方分権を行ったり来たりする、国と地方自治体間の権限の揺れが存在する。また、戦時下においては陸海軍の監督を受け、1952年に日本赤十字社法が成立して民間団体として位置づけられる前の日本赤十字社が、法の目的を定める第1条に国、地方公共団体以外では唯一明示され、他の条文にも位置づけられている点[2]も不可解である。災害救助法は、被災者救助における国・地方公共団体などの各アクターの基本的な役割分担を定めている法であるが、その役割分担は、条文や運用において統一された見解にもとづく理路整然とした明瞭性をもつものとは言い難い。緊急時の被災者支援にかかわる基礎的な法律が一瞥しただけでは理解し難いという事実は、災害対応に不慣れなアクター、つまりは地方自治体を中心に混乱を引き起こす要因となりうる。

災害救助法の運用の一例をみておきたい。災害が起こると基本的に都道府県知事等が一定の基準にもとづいて災害救助法の適用を決定する。災害救助法が適用されると、避難所の設置、応急仮設住宅の供与、炊き出しその他による食品の給与、飲料水の供給、被服、寝具その他生活必需品の給与・貸与、医療・助産、被災者の救出、住宅の応急修理、学用品の給与、埋葬、遺体の捜索、障害物の除去といった、災害救助にかかった費用の半分以上は国が負担することになる。ただし、救助の程度は国がコントロールする。救助の程度の基本レベルを定めている基準は、一般基準と呼ばれ、前述したように、国が救助の内容に基準を設け、それに従って都道府県等が災害救助法施行細則などとして基準を定めている。つまり、形式的には地方自治的に定めているが、実際には国がその内容を決定している。例えば、避難所の場合は、費用の限度額は１人１日あたり 320 円以内、救助期間は災害発生の日から７日以内というように、救助の種類ごとに定まっている。またこの基準内で十分な救助ができない場合は、都道府県等が国と協議し、特別基準を設定することがある。大規模災害では特別基準で運用されることが多いが、そのたびに、都道府県等と国が何度も協議することになる。条文には都道府県知事等が必要に応じて自由に現金給付によって救助を行えるように書かれているが、災害で現金給付が行われた例は管見の限り見当たらず、「現物給付の原則」として現金給付はできないという理解が広がっている。さらに DMAT による医療サービス供給や流通小売企業による物資供給、NPO などのサードセクターによる被災者支援など、近年は日本赤十字社以外の多様な民間組織が被災者救助に参画しているものの、その役割や費用負担については法に規定されていない。

このように、被災者救助にかかわるアクターの役割分担がどのように規定されているかという観点からみると、災害救助法の条文や運用に、理路整然とした十分な明瞭さはない。災害対応に不慣れな多くのアクターにとっては、自らの役割を簡単に認識することは難しいであろう。各アクターの役割分担の不明瞭さは、彼らの規律づけに失敗し、災害対応ガバナンスが効果的に働かない混乱した状態へといたる可能性をはらむ。

しかし、災害救助法の成立経緯はこれまでの研究では十分に明らかにされておらず、各アクターの役割分担の不明瞭さがもたらされた経緯も十分には説明されていない。一般的には、当時災害救助法を所管していた厚生省の説明にもとづいて、1899年に成立した、罹災救助基金法の抜本改正として捉えられている[3]。これはあくまで正史としての説明であるが、基金の拠出を旨とし、その救助の一般的内容や給付方法（現物給付）を定めた罹災救助基金法[4]と、国の責任、都道府県による救助実施、災害対策を行う協議会（中央災害救助対策協議会、地方災害救助対策協議会、都道府県災害救助対策協議会）、日本赤十字社の参画、場合によっては現金給付も認める救助の実施方法を内容とする災害救助法の間には相当の断絶がある。

1947年の日本は占領下で、連合国軍最高司令官総司令部（General Headquarters, the Supreme Commander for the Allied Power、以下、GHQ/SCAP）によって統治されていた。日本国憲法をはじめ、地方自治法、生活保護法など、この時期に成立した法律はGHQ/SCAPの強い影響下で制定されている。当然、災害救助法もその影響下にあったと考えることができるため、GHQ/SCAP、特に厚生省を統制していた公衆衛生福祉局（Public Health and Welfare Section、以下、PHW）の日本占領関係資料[5]を中心として、災害救助法の成立経緯を検討する。先行する研究が少ないため、災害救助法の成立経緯だけは、このあと説明する他の法律よりも詳しく検討することを断っておきたい。

GHQ/SCAPからの災害救助法策定の指示

1947年1月17日に、日本が国レベルの災害救助を促進する責任を負い、国レベルで災害に対応するための協議会を設立することを目的とした会議が、生活保護法を所管する厚生省社会局保護課長タカタ氏、課員のナイトウ氏[6]、PHW福祉課のエヴァンス（Milton J. Evans）氏およびリオーダン（R. Riordan）少佐（災害救助法についての厚生省との連絡担当）とで開催された。タカタ氏から罹災救助基金法について説明がなされたのち、国家レベルの災害を統御する基本法の策定に着手する必要性が協議された。首相が委員長をつとめ、運営担当の副委員長、厚生省、内務省、農林省、運輸省、商工省、大蔵省の閣僚で委員が構成される協議会を国レベルで設立することが会議の場において考案されたことを、リオーダン少佐は報告している。さらに、PHWがこの法の原案をつくったのちに、それを日本政府の関係省庁を集めた会議の場で提示し、日本政府にその原案を検討させてからPHWに法案を提出させることを構想し、また、国レベルの協議会と同時に、都道府県レベルの協議会が災害対応の運営単位となることを構想していることも、リオーダン少佐は報告している[7]。この会議において災害救助法の基本的なイメージが形づくられたと考えられる。

1947年3月14日には、1947年3月18日（火）10時00分から日本の災害対応協議会をテーマとした会議が開かれることが告知され、参加者が招集された。GHQ/SCAPのなかで召集を受けたものは、PHW局長サムズ（C. F. Sams）准将を議長として、PHW福祉課長ネフ（N. B. Neff）氏をはじめとしたPHWのメンバーや、民生局（GS）、経済科学局（ESS）、天然資源局（NRS）、参謀第2部（G2）、参謀第3部（G3）、参謀第4部（G4）のメンバーであった。日本政府のなかで召集を受けたものは、首相、厚生大臣、内務大臣、農林大臣、運輸大臣、商工大臣、大蔵大臣、日本赤十字社長、日本赤十字社救助統括であった[8]。この時点で日本赤十字社の存在が確認できる。

ここで、実際の会議の内容に入る前に、GHQ/SCAPが日本赤十字社をどのようにみなしていたかを整理しておきたい。PHWは民間慈善、医療・看護、災害救助などの日本の社会保障を現実化していく必要があり、その協力者として日本赤十字社を位置づけていた。日本赤十字社は戦前からの国際赤十字活動を通して米国赤十字社と良好な関係を築いていたため、米国赤十字社が日本赤十字社の再建に力を貸せる状況であった。そのため、PHWによって米国赤十字社の顧問が日本赤十字社に派遣された。戦時中は軍衛生部隊を幇助する団体として陸海軍の監督を受ける立場であった日本赤十字社は、1946年に厚生省の所管となった。PHWにとっては、米国赤十字社の顧問を介すことによって、日本赤十字社を民主的な組織に改めつつ、社会保障を具体化させることができた。日本において、このような条件を備える組織はほかになく、日本赤十字社はPHWから特別視されており、同時に、PHWの影響力は大きかった[9]。例えば、この特別視は、看護分野において、PHW、日本赤十字社、聖路加女子専門学校の契約によって、東京の赤十字中央病院内に日本の看護教育の水準を高めるための模範となる教育施設(デモンストレーションスクール)として東京看護教育模範学院が設立されたことにもみられる[10]。

つまり、PHWは、米国赤十字社の介入を通して社会保障の充実を現実化してくための実行部隊として日本赤十字社をみなしていたことになる。この日本赤十字社へのPHWの特別視が、1947年3月18日に開催する会議に、日本赤十字社長、日本赤十字社救助統括が招集され、日本赤十字社が災害救助法のなかで特別なものと位置づけられる原因のひとつであったと考えられる。

1947年3月18日の会議は、災害救助の責任を引き受ける必要性をPHWが日本政府に伝え、大規模災害による被害状況を緩和できるよう適切な準備を進めることを日本政府に促すために開催された。日本政府側からは首相代理のナカタ氏、厚生次官の伊藤謹二氏をはじめとして、内務省、農林省、運輸省、大蔵省、逓信省、日本赤十字社からは社長の島津忠承公爵および副社長の原泰一氏が参加した。GHQ/SCAPからは福祉課長のネフ氏をはじめとしたPHWの職員や、日本赤十字社の再建のために米国赤十字社からPHWの連絡員を兼ねて派遣されていた顧問団長のメッツカー（T. Metsker）氏[11]のほか、経済科学局、天然資源局、参謀第2部、参謀第3部のメンバーが参加した。

この会議ではPHWから法の原案が提示された。原案では、首相のほか、厚生、内務、農林、運輸、商工、および大蔵の各大臣、日本赤十字社社長から構成される、災害対応にかかわる国レベルの協議会の設置が企図されていた。災害対応にかかわる国レベルの協議会には以下の8つの役割が企図されていた。①疫病、飢饉、火事、洪水、地震、津波、その他の災害による被害を軽減するための全国レベルでの救援策の計画。②救援策の実施のための法制化の開始と継続。③都道府県域内の供給が不足するような災害時に、都道府県がただちに行動を起こせるように、都道府県レベルで必要な物資やサービスを利用可能とすること。④災害の結果に対する責任を引き受け、被害者に迅速で効率的かつ十分な救済を提供するために、全国的な方針のもと都道府県政府を利用すること。⑤実際の運用に関連するすべての情報・問題を、連合国軍最高司令官総司令部の関連部門に対して連絡するための連絡機関として機能すること。⑥適切な警告システムを提供すること。⑦発災時に、全国レベルの災害に適した24時間体制の本部を整備すること。⑧災害時のニーズを適切に満たすために国家レベルで資金を提供すること。PHWは、提示した原案はあくまでひとつの解決策であると断りを入れつつも、PHWとして受け入れ可能な立法案を厚生省で立案し、約1か月後の4月19日までに会議を開催するよう求めた[12]。

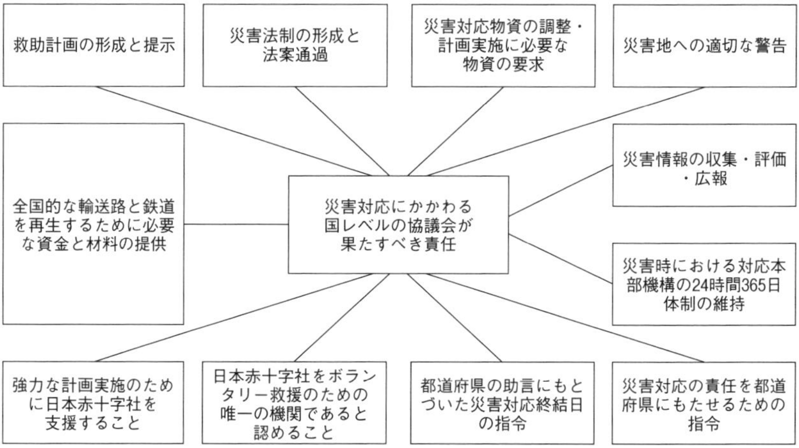

図 3-1　GHQ が提示した災害対応にかかわる国の責任

資料：巻末の史料 3 にもとづき筆者作成

この際に提示された図から、PHW の原案を検討する（図 3-1、図 3-2、図 3-3）。まず、災害対応にかかわる国レベルの協議会が果たすべき責任がより詳細に明示されている。具体的には、①救助計画の形成と提示、②災害法制の形成と法案通過、③災害対応物資の調整・計画実施に必要な物資の要求、④被災地への適切な警告、⑤災害情報の収集・評価・広報、⑥災害時における対応本部機構の 24 時間 365 日体制の維持、⑦災害対応の責任を都道府県にもたせるための指令、⑧都道府県の助言にもとづいた災害対応終結日の指令、⑨日本赤十字社をボランタリーな救援のための唯一の機関であると認めること、⑩強力な計画実施のために日本赤十字社を支援すること、⑪全国的な輸送路と鉄道を再生するために必要な資金と材料の提供、である。また、実際の災害対応は国レベルでなく都道府県レベルのチームで実行することが企図されている。同時に、国レベルの協議会と都道府県レベルの協議会は知事を通して上下の矢印で結ばれており、単純な指揮命令関係は想定されていない。国レベルの協議会は都道府県に災害対応の責任を

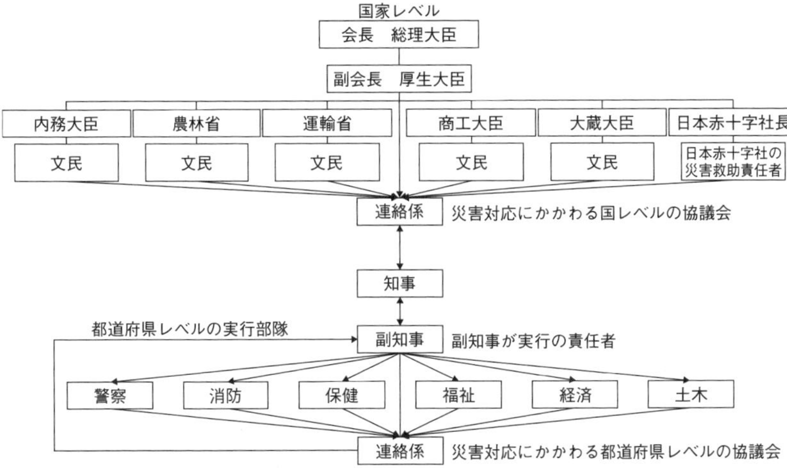

図 3-2　GHQ が提示した日本政府の災害救助計画会議

資料：巻末の史料３にもとづき筆者作成

もたせるための指令を行う責任はあるが、災害対応の終結などは都道府県の助言にもとづいて指令することが明記されている。さらに日本赤十字社は特別な地位をもつものとして位置づけられている。具体的には、国レベルの協議会に参画すると同時に、災害時にはボランタリーな救援の調整を行う中央政府・地方政府と関係をもつ唯一の民間組織として扱われている。

つまり PHW は災害救助法に、以下の要件を求めていたと考えることができる。①国が災害対応にかかわる立法、実行計画、警告、情報の収集・分析・広報、資金に責任をもつこと。②実際の災害対応の実行は都道府県が責任をもち、国の関与を制限すること。③日本赤十字社を通してボランタリーな救援の能力を政府の方針と整合的に活用すること。④しかし、ボランタリーな救援の能力が政府による統制下に入らないようにするために、政府との関係性のもとで調整を行う組織を日本赤十字社のみに限定すること。言い換えれば、①国家責任、②

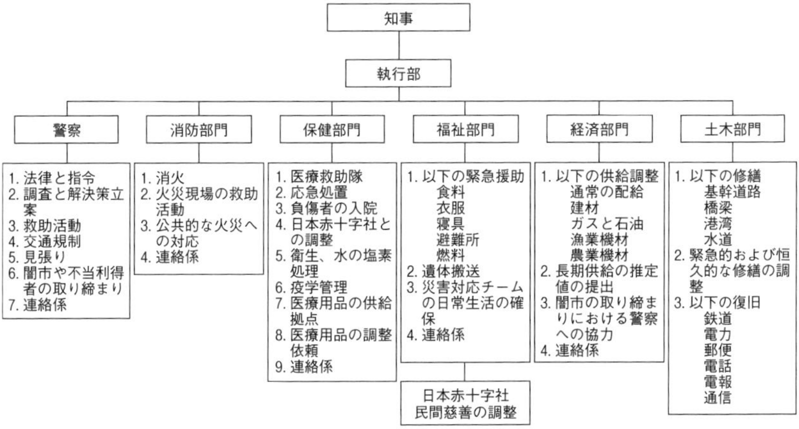

図 3-3　GHQ が提示した都道府県の災害対応チーム

資料：巻末の史料 3 にもとづき筆者作成

地方自治、③民間慈善の活用、④反統制という 4 つの原則が、災害救助法に求められていたことになる。

1947 年 4 月 30 日には厚生省から PHW に災害救助法の原案が示されている。その際に PHW からいくつかの指導が行われ、それについて厚生省は反論しなかった。同時に、厚生省側から日本赤十字社の取り扱いについて議論したいと伝えられた[13]。

災害救助法案は、ほとんど PHW の提案どおりに成文化され、1947 年 8 月 7 日に参議院厚生委員会、8 月 11 日に衆議院厚生委員会に提案された。提案の前に、PHW のリオーダン少佐は、「この法案が法律となると国家災害の犠牲者の救済につき国家が直接責任を取るという点で日本は世界随一の国家となる」とのコメントを出している[14]。災害救助法は、1947 年 9 月 30 日に参議院、10 月 2 日に衆議院で可決され成立した。その際、政府統制によって国民の基本的人権が侵害されることがないよう運営しなければならない旨や、日本赤十字社を民主化させ他の団体と協調させなければならない旨の付帯決議がなされたことからわかるように[15]、④反統制の原則は、国会議員にも共有されていたようである。

厚生省・日本赤十字社としての災害救助法の受け止め方

災害救助法成立後の 1948 年 3 月 15 日に、厚生省の災害救助法の公式的な解釈である『災害救助法の解釋』が、厚生省の内藤誠夫によって執筆・発行されている。また、1948 年に厚生省と日本赤十字社は、「災害救助に関する厚生省と日本赤十字社との協定」（以下、協定）を結んでいる[16]。日本占領関係資料によると、同時期に、厚生省、日本赤十字社、PHW、米国赤十字社が協議しながら、災害救助にかかわる日本赤十字社の役割を定めていったことが記録されている。これらの経緯から、PHW が災害救助法に企図した、①国家責任、②地方自治、③民間慈善の活用、④反統制という 4 つの原則について、厚生省や日本赤十字社がどのように受け止め、災害救助法の実際の運用方法を確立していったのかを確認しておきたい。

①国家責任については、厚生省は理念においてはすんなりと受け入れた。『災害救助法の解釋』によれば、「本法による救助は、地方公共團体、日本赤十字社、その他團体及び國民の協力の下に行われる。救助に必要な人員の確保、物資の調達は、これ等の團体や國民一般の協力を得なければ到底万全を期することができない。同胞の危難に際して各人が力の及ぶ限りの援助をなすことは当然の義務である。国家の責任において行う救助を中心として國民がこれに全幅の協力をなすこと、これが本法の救助の理想的形態である」[17] と述べられ、国家の責任で救助を行い、さまざまな諸力が協力するという理想形が述べられている。

ただし、「本法による救助は、國の責任において行われるものである」[18] と述べられることは、実際の災害対応は都道府県が中心となって行うという、②地方自治の原則と整合的ではない。国が責任をもって行うのか、都道府県が自由に行うのかが相対立することになる。地方自治法が成立した直後であり、地方自治なるものがどのようなものかをはっきりと認識していた人物は少なかったであろう。このようななか、都道府県が自由に災害対応を行うことを制限し、モラルハザードを抑制する方策がとられることになる。『災害救助法の解釋』では第22条[19]の「救助は、救助を要する者の現在地の都道府県知事にこれを行わせる」という条文を、都道府県が行う災害救助は、都道府県が国の機関たる地位において行う「機関委任事務（国が包括的な指揮監督権をもち、指揮監督の手法について法令の規定が不要）」であると解釈している[20]。この解釈により、災害救助は国が統制して行うべきものと位置づけられ、国が定める基準に従って自治体が運用することが決定づけられた。この解釈が、1952年には「地方自治法の一部を改正する法律（昭和27年8月15日法律第306号）」によって法に規定されることで、災害救助は機関委任事務として正式に位置づけられる。災害救助は機関委任事務であるという考え方は、法の条文とは異なり、金銭給付を行わない現物給付の原則が国のコントロールのもと現在まで残っていることや、先に述べた一般基準・特別基準の運用へとつながることとなる。つまり、②地方自治の原則は十分には受け入れられなかったことになる。

③民間慈善の活用と④反統制についても検討しておきたい。この原則について中心的な役割を果たす日本赤十字社の、再建のための顧問となっていた米国赤十字社は、volunteer（ボランティア）が中心となる組織である。それは、日本赤十字社からみても同様で、のちに日本赤十字社が米国赤十字社を調査した報告書においても根幹的な特徴としてvolunteerがあげられている[21]。このような米国赤十字社から派遣された顧問団は、volunteerやvoluntary（自発性）という観念を日

本に導入しようと試みた。しかし相応する言葉が日本語に見つけ難く、翻訳に苦心した結果、担当のグーチ（M. Gooch）氏が volunteer や voluntary に「奉仕」という言葉を充て、「奉仕団事業通報」を作成し、現在まで続く赤十字奉仕団が結成されるきっかけとなった[22]。このように米国赤十字社が volunteer や voluntary という観念、つまりは、民間の自発的な行為を重視していたことを念頭に置くならば、以下のことが理解できる。すなわち、GHQ/SCAP が提示した災害救助法案において、③民間慈善の活用と④反統制を達成するために、日本赤十字社に唯一政府と関係をもつ民間慈善の調整者として特別な地位を与え、民間の自発性に統制が及ばないように配慮したのである。

しかし、戦中の国家総動員体制のもと、帝大セツルメント[23]に代表される自発的な慈善活動は弾圧され、民間の社会事業団体は統制されるなど[24]、国民には「滅私奉公」が求められ、volunteer という観念は日本社会に広がってはいなかった[25]。そのため、当時の日本の中央省庁において volunteer は理解し難いものであったと考えられる。③民間慈善の活用という PHW の意図は十分に理解されていたかどうかは疑わしい。上述したとおり 1947 年 4 月 30 日の厚生省と PHW の会議で、厚生省側から日本赤十字社の取り扱いについて議論したいと伝えられているが、法が成立したのちに、この議論が本格化した。以下、厚生省としての日本赤十字社の取り扱いが定まっていく過程を、日本占領関係資料を中心として検討する（表 3-1 参照）。

やりとりの記録は災害救助法の成立から 4 か月ほど経った 1948 年 1 月 26 日から始まる。そこでは、のちの協定につながる、厚生省から日本赤十字社に期待する役割を記した草稿について、PHW と米国赤十字社の間で議論されている。草稿では、法第 32 条のもと日本赤十字社に委託する仕事は、差し当たりは、医療と助産を考えていること、日本赤十字社が調整すべき民間の自助努力の範囲（工学や建築などの専門的事項は除く)、救助の責務は知事にあり日本赤十字社は活動の一部分の義務を負うにすぎないことなど、協定の基本的な性格が記載されている。

PHW のリオーダン少佐は、厚生省と日本赤十字社が協定の内容を定める過程自体が、2者それぞれに望ましい効果があると考えていた。厚生省に対しては、災害救助のすべてを日本赤十字社に委託すればよいとの考えが否定され、日本政府に災害時の責任を導入することを促す効果があると考えた(1948 年 3 月 2 日)。日本赤十字社に対しては、調査、救助、医療、食料供給、避難所、衣服、登録と情報提供、資金調達と広報のようなサービスを自発的に行うようになることで、民主化を促す効果があると考えた(1948 年 2 月 26 日)。

1948 年 3 月 2 日には、協定の範囲は、(a) 政府の医療・看護・助産サービスを実施可能とすること、および、(b) 民間組織の調整に定まった。しかし、その費用を誰がどのように負担するかについては意見が分かれた。日本赤十字社は自発的に実施するさまざまなプログラムについて厚生省に資金供給者となってもらうことを希望した(1948 年 3 月 2 日、3 月 8 日)。それに対して厚生省は、新聞・通信社を含む他の大規模な組織が参加した募金の委員会をつくり、そこで資金調達すべきと考えた(1948 年 3 月 8 日)。結果、(a) の範囲は災害救助法の委託とみなされ政府から費用補塡されるが、(b) 民間組織の調整は募金をもとに行うことが決まった(1948 年 4 月 13 日)。また、1948 年 3 月 23 日には日本赤十字社が民間組織の調整者として振る舞う場合は、独裁主義的な役割を避けるとの合意がなされたように、民間慈善に対する統制を避けなければならないことについては理解されていた。

災害救助法が成立した直後の大規模災害である福井地震[26](1948 年 6 月 28 日発災)においては、日本赤十字社は 77 班の救護班を編成して医療救護活動に従事したほか、同社が主催し、社会事業団体や各新聞社などの民間団体により結成された北陸地震義捐金品募集委員会によって、多額の金品が募集された[27]。医療救護活動については、近年の災害においても日本赤十字社は救護班を編成して避難所を中心に展開している。しかし、民間慈善の調整は以下の背景のもと、根づかなかった。民間の社会事業団体は、1951年に成立した社会福祉事業法のもと、行政からの措置費と監督を受け入れることで経営を安定化させた。また、行政の許認可なく取得できるサードセクター（いまでいうNPOなど）の法人格は未整備であった。その後の災害では、日本赤十字社の民間慈善の調整という役割は目立たなくなっていった。つまり、PHWが意図した③民間慈善の活用は受け止められなかった。実際、個人ボランティアの調整機関としての災害ボランティアセンターという仕組みが成立していくには、1995年の阪神・淡路大震災を待たねばならなかった[28]。また、NPOやNGOなどのサードセクターの組織を調整する機構の登場は、1998年の特定非営利活動促進法や2006年の公益法人制度改革によって、サードセクターの組織の法人格が整備され、サードセクターがある程度成熟した段階で発生した、2011年の東日本大震災を待たねばならなかった[29]。

このような経緯をたどることによって、PHWが災害救助法に企図した、①国家責任、②地方自治、③民間慈善の活用、④反統制という4つの原則は、必ずしもそのまま厚生省や日本赤十字社に受け取られなかったことがわかる。①国家責任は受け止められたものの、災害救助は都道府県が国の機関の地位で行うものと解釈され、②地方自治の原則は受け止められなかった。また、④反統制は広く合意されたため民間慈善への統制的な関与はないが、また、同時に一定の政府関与のもとで民間慈善が調整されるべきものとの認識や社会的な仕組みも生み出されなかったため、③民間慈善の活用は受け止められなかった。結果、災害救助は国の責任であり、都道府県は機関委任事務（現在は

表 3-1　災害救助をめぐる厚生省・日本赤十字社・PHW・米国赤十字社のやり取り

記録年月日	主　題	文書種別	内　容
1948/3/15	政府と日本赤十字社の災害時協力	記録文書	社長の島津忠承公爵、各部門長など、日本赤十字社から7名、保護課長タカタ氏など厚生省から4名、PHW 所属の米国赤十字社 Metsker 氏、PHW 福祉課の Riordan 少佐と Evans 氏で会議を開催。この会議は日本赤十字社がさまざまな自発的なプログラムについて厚生省に資金供給者となってもらうことを希望する機会として設定された。しかし、残念なことに、災害時に日本政府が赤十字社に行ってほしいことのなかでの赤十字社の役割について、厚生省は確固たる理解を要求した。Evans 氏はこのようなプログラムは第一に政府の責務であるが、赤十字社が人民直接へのプログラム供給者として振る舞うことで政府を支援できることと、赤十字社はその能力を超えた義務を受け入れるべきではないことに注意を促した。厚生省に対しては、単なる供給者としての日本赤十字社の支援を超えて、そして、政府が運営している現行の配給制度を廃止してしまうほどには、その責務を赤十字社に譲りわたせないことが強調された。議論は赤十字社が派遣できる医療チームの数に移り、最終的に、赤十字社は医療チームと医療・助産にかかわる応急処置チームに責任をもつことが合意された。
1948/3/23	政府と赤十字社の災害にかかわる会議	記録文書	政府と日本赤十字社による会議についての Riordan 少佐からの報告。結論は別添。
1948/3/23	政府と赤十字社の災害にかかわる会議	1948 年 3 月 23 日の災害にかかわる会議において到達した結論	A. 災害時医療・看護サービス 1. 日本赤十字社は現場での応急処置を含め、災害時医療・看護サービスに責務をもつこととなる。 2. 赤十字社は赤十字社職員からなる医療救護チームを各県ごとに最低5つ編成しなければならない。それを満たせない県では赤十字社の各県当局と契約を締結した民間の医者や看護師によってチームを編成しなければならない。 3. 加えて赤十字社は地区や分区レベルで民間の医者や看護師からなる医療救援チームの組織化を促進しなければならない。 4. 赤十字は応急処置に関する包括的な訓練手法を開発する責任を受け入れる。応急処置の訓練を終了した者は、特に地区や分区レベルにおいて災害時の医療・看護者の拡大に寄与することになる。 5. 各県の赤十字社支部と県当局は各支部が実行可能な活動の程度を決定し、県の基本的な災害対応計画にもとづき、現場での応急処置も含む赤十字社による応急医療・看護サービスが含まれた現実的な計画を策定する責務を負うであろう。 6. 赤十字支部によって策定された全ての計画は、各県で実行されるまえに、日本赤十字社の本部での検討に供しなければならない。 B. 調整 1. 日本赤十字社は災害時の非政府の活動の調整を行う責

			務をもつことになる。 2. 調整は災害時の非政府組織の活動の調整を広く意味するものとして定義づけられる。（赤十字社は民間組織の調整者としての機能において独裁主義的な役割を避けることが会議出席者の明確な合意である。） 3. 災害時のサービスに関心をもつ組織の代表者から構成される赤十字社の調整にかかわる委員会を通して調整はなされることになる。赤十字のリーダーシップのもとに運営されるこの委員会は民間組織の災害時のサービスの調整のための計画を策定し、県の基本的な災害対応計画に統合する責務をもつであろう。委員会がもつ可能性がある機能についても議論されたが、時間がなく結論にいたらなかった。 C. 報告 1. 赤十字社は地方に限定された災害における赤十字社の活動を速やかかつ正確に報告しなければならない。 2. 赤十字社は厚生省と全国レベルの委員会との間で報告について調整する責務を負う。
1948/4/13	政府と日本赤十字社の災害時協力	記録文書	米国赤十字社のMetsker氏とHyer氏、社会局長のキムラ氏をはじめとして厚生省から5名、社長の島津忠承公爵をはじめとして日本赤十字社から7名、PHW福祉課のRiordan少佐で会議を開催。日本赤十字社が以下のサービスを行うことを政府も同意した。a. 医療（県の保健部門を通して調整）、b. 看護（県の保健部門を通して調整）、c. 応急処置（県の保健部門を通して調整）、d. ボランティアプログラム（総務部門を通して調整）、e. 登録部門（総務部門を通して調整）、f. 家屋調査（総務部門を通して調整）、g. 調査・情報伝達部門（公安部門を通して調整）、h. 予防接種チーム（保健部門を通して調整）、i. 炊き出し（総務部門を通して調整）。日本赤十字社は上記に列挙されたプログラムを開始する責任があり、これらのプログラムを完遂するための職員を雇用することになる。くわえて、日本赤十字社は地方の非政府組織を災害対応に参加することを促進する活動を調整することになる。日本赤十字社は災害時にその地区で集められる募金をもとに民間組織の活動を調整することになる。これはさまざまな民間組織の代表から構成される募金会で実施されるであろう。日本赤十字社は各県ごとに医師と看護師からなる医療チームを最低5チーム整備することになる。これらのチームは赤十字職員か契約をかわした人物から構成されることになる。これらの契約をかわした人物は唯一赤十字社の指示にのみ従い、また、赤十字社が立ち上げるボランティアチームと区別される。赤十字社はボランティアの医療チームを日本国内の各市町村において勧誘・組織化することになる。赤十字社はボランティアの炊き出しグループを勧誘・組織化することになる。日本赤十字社は民間の結社からの衣料や寄付を受けとり、被災者に渡すことになる。この仕事はボランティアが従事する。赤十字社は災害時に住宅供給や食料供給に活用できる各県の民間資源を探索することになる。政府は赤十字社と結んだ以前の契約を見直すことに同意し、4月19日に文書での最終同意事項を提出することになる。

資料：日本占領関係資料より作成

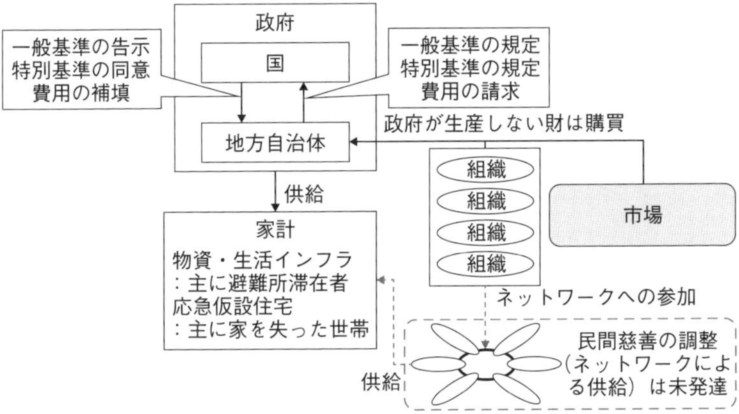

図 3-4　災害救助法がもたらした基礎的な災害対応ガバナンスのイメージ
資料：筆者作成

法定受託事務）として災害救助を行い、民間組織は基本的に参入しないという災害対応ガバナンスが形成された。中央政府のコントロール下で地方政府が災害対応を統御するという、必ずしも法の条文通りとはいえない、災害対応における基本的な役割分担が形づくられることになったと考えることができるのである。

災害救助法がもたらした基礎的な災害対応ガバナンス

これまでの検討から、災害救助は国の責任であり、都道府県は国の機関として災害救助を行い、民間組織は基本的に参入しないという、必ずしも法の条文どおりとはいえない、基礎的な災害対応ガバナンスが形づくられたことが把握できた（図 3-4）。いわば各アクターの役割分担が不明瞭な形で、構造的にそれが不得手な地方自治体に、災害対応が中途半端に押しつけられることになった。

なお、2019 年中に実施した内閣府、厚生労働省、日本赤十字社の関係者へのインタビューによれば、こうした災害救助法の成立経緯は、各組織内に伝わっていない。PHWの協議相手が生活保護行政を司る厚生省社会局保護課であったことにあらわれているように、平時は生活保護法等にもとづき生活の困窮の程度に応じて国民を保護するのであるが、災害時は困窮の程度を客観的に計る術がないため、必要にもとづく救助をもって、被災者の保護と社会の秩序の保全をはかるというのが災害救助法のそもそもの眼目である。東日本大震災をふまえ、2013年に災害救助法は厚生労働省から内閣府へ移管された。これは、防災行政の一元化という観点からは歓迎すべきことかもしれないが、困窮するものを保護するという意味では同一である社会保障と災害救助の溝を広げてしまう懸念もある。法の成立経緯をふまえた十分な配慮や議論が必要であることは論をまたない。

3.2　災害対策基本法と激甚災害法の成立——現代の災害対応ガバナンスの確立

「災害対策基本法」と「激甚災害に対処するための特別の財政援助等に関する法律（激甚災害法）」は現代の災害対応・防災体制を確立した重要な法である。災害対策基本法の成立経緯を明らかにした研究は充実している[30]。逆に、激甚災害法はその重要性のわりには、一部の例外[31]を除いては研究が少ない。ここでは先行研究や当時の新聞報道によりながら、災害対策基本法および激甚災害法の成立経緯を検討し、どのような災害対応ガバナンスが確立されたのかを確認したい。

災害対策基本法の成立

政治学者の風間規男によれば、日本において防災政策が1つの固有の政策領域として認識され、さまざまなアクターの行為を総合することで防災政策の機能を高めようという試みが真剣に取り上げられたのは、1950年代後半に入ってからのことである。その1つの答案が災害対策基本法であった[32]。風間によれば、防災会議や災害対策本部の設置という「組織化」と、防災計画の策定という「プログラム化」による調整によって、総合的な防災体制の確立を目指す、いわば「災害憲法」とでもいえる機能の発揮が災害対策基本法に期待されたものであった[33]。建築学者の牧紀男も同様に、災害対策基本法によって目指されたことは、(必ずしも貫徹されていないものの)①災害対策の総合化、②災害対策の計画化、③巨大災害に対処する体制の確立であると指摘している[34]。

災害対策基本法成立の背景となるのは、1958年の狩《か》野《の》川《がわ》台風[35]や1959年の伊勢湾台風である。特に後者によって、それまでの災害対策の短所があらわになってしまった。防災学者の河田惠昭はあらわになった短所を以下の4点にまとめている[36]。

①都市化にともなう防災上の配慮の欠如——1950年代の後半から東京圏を皮切りに都市化の波が押し寄せていたものの、さまざまな開発は防災上の配慮を欠いたものであった。

②水防体制の未整備——1949年に制定された水防法が1958年に改正され、水防組織が従来の農民の地縁を中心とする任意団体から、地方自治体が賦課金や維持管理費を負担する事務組合となった。くわえて、都市化の進行によって農民と水との結びつきが弱まり、住民の水防意識が希薄化していった。

③警報の伝達・指示等の不適切さ——災害の予報と災害対策の間に有機的な連絡がなく、気象庁の予報が十分活かされていないきらいがあった。

④関係省庁ごとの災害後の泥縄的処理——被害額について各省庁が作成する見積もりが相違することがあり、特別に財政措置さ

れる激甚地の指定をめぐる陳情合戦が繰り返された。被災地方自治体にとっては災害復旧事業に国からどの程度財政的な支援が得られるのか不透明であり、著しく合理性を欠いていた。

災害対策基本法と激甚災害法を定める契機となった伊勢湾台風後の国会の様子を、当時の新聞報道からみてみたい。河田の上記の指摘④のとおり、国からの特別な財政援助の対象地となる「激甚地指定」争いが繰り広げられ、この国会は「災害国会」と呼ばれた[37]。野党は他の政治的課題の駆け引きの際に「激甚地指定」争いを持ち出すこともあり、国会運営は混乱した[38]。まさに財政支出のぶんどり合戦といった様相であり、当時の新聞記者は「大蔵省こそ“激甚地”」と表現した[39]。大規模災害が起きた際に、どの地域に、どのような目的の、どの程度の財政支出を行うかは、きわめて重要な政治的課題となっていた。この政治的課題の解決のされ方こそ災害対策基本法と激甚災害法の成立であり、それは、地方自治体中心の災害対応ガバナンスをハード整備に偏った形でより強化することであった。日本社会に現在も続く被災者支援の混乱という観点からみるならば、この政治的課題の解決のされ方は、その混乱を生み出す地方自治体中心の災害対応ガバナンスを強化するものとなってしまった。

災害対策基本法の成立過程について、河田は以下のとおり簡潔に整理している[40]。災害対策にかかわる法案は1959年10月から内閣審議室で検討が始まった。これとほぼ同時に、自治庁でも災害に対する制度の検討が開始された。自治庁では1959年12月ごろに「災害対策基本法案要綱」としてとりまとめたが、あくまでも庁内資料の位置づけであった。1960年1月に内閣審議室は「災害対策の整備に対する法律案」をまとめた。この法案は、各省庁の権限の再配分は極力避け、機構改革や予算措置を考えない消極的なものであった。しかし、この案では各省庁の意見の調整がつかず、手直しを余儀なくされた。その後、内閣審議室は、岸信介首相の具体的な構想を受けて、1960年の5月に「災害対策の整備及び推進に関する法律案」（全17条）が内閣審議室によってまとめられた。だが、この案は、自由民主党内で検討した結果、知事の権限や自衛隊、警察消防の職責範囲などに問題があり、次の通常国会まで提出を見送ることとされた。この間、自治庁は内閣審議室への働きかけを行ったが、その意見は法律案にほとんど反映されなかった。そして、内閣審議室がまとめた全17条の法案の提出が見送られたあと、同年5月に自治庁に対して自由民主党地方行政部会から法案作成の要望があり、その結果、6月に「防災基本法案」（11章83条）が作成された。しかしながら、当時、サンフランシスコ条約に代わる新安保条約の国会強行採決があり、結局1960年7月に岸首相は退陣し、池田内閣が誕生するという政治的な混乱の時期であり、災害基本法（当時の呼称）は本格的に議論されなかった。同年9月になって自由民主党内に「災害基本法制定準備小委員会」が設置された。この委員会は自治省（1960年7月に自治庁から昇格）が1961年2月に最終的にまとめた「防災基本法案」（11章134条）を採用することにした。その後、各省との折衝が続いたが、特に大蔵省主計局との調整が、以下の諸点について難航した。a）激甚災害の場合の特別負担の制度の導入、b）災害対策基金の設置、c）改良復旧主義の導入（被災前よりも高規格のハード整備など）。a）は別の法律（激甚災害法）で後日制定し、b）、c）は実現しないことになったが、結局この法案は5月23日に廃案となった。その後、9月27日の臨時国会に再提出された。衆議院地方行政委員会で審議され、改良復旧について十分に配慮する旨の修正等がはかられるとともに、社会党から批判が強かった災害緊急事態にかかわる条文を削除して、10月31日に可決成立した（10章117条）。

災害対策基本法の成立をもって、防災という政策領域が確立され、河田の指摘のうち、①都市化にともなう防災上の配慮の欠如、②水防体制の未整備、③警報の伝達・指示等の不適切さについては、その後の対策が方向づけられることになった。

激甚災害法の成立と現代まで続く災害対応ガバナンスの確立

河田の指摘①、②、③については、災害対策基本法の成立によって方向づけられたわけであるが、④関係省庁ごとの災害後の泥縄的処理については1962年8月31日に成立した激甚災害法によって決着することになる。激甚災害の場合の特別負担制度の導入、つまりは、激甚災害法を恒久法として成立させることについて、1961年10月17日に池田勇人首相から言明されている[41]。激甚災害法の前段となる、1962年5月4日に成立した「災害対策基本法等の一部を改正する法律」の成立経緯から確認していきたい。

災害対策基本法等の一部を改正する法律は、災害対策基本法が当初、災害緊急事態にかかわる条文を削除して可決[42]したことを受けたもので、災害緊急事態の内容、つまりは緊急措置としての統制項目を定めることを旨としたものであった。統制項目については衆議院の地方行政委員会などにおいて、統制の行き過ぎを懸念する議論があった[43]。結果、生活必需物資の配給や、その譲渡引き渡しの制限・禁止、災害応急対策・災害復旧や国民生活の安定のため必要な物などの価格統制、金銭債務の支払いの延期と権利の保存期間の延長を政令によって定めることとすることで、衆議院の地方行政委員会で決着をみた。同時に、権利制限を含む緊急措置の国による乱用を懸念する議論も強く、その抑止力とするため、防災基本計画の作成や災害対策にかかわる重要政策に関する会議である「中央防災会議」の委員に学識経験者を加えることで災害対策に科学的知見の導入をはかることも、同時に盛り込まれた。さらに、衆議院の地方行政委員会は、a）政府は治山治水、地すべりなどの施策に抜本的な検討を加え、災害根絶に万全の措置をとること、b）政府は激甚災害に対する恒久立法を今国会に提案すること、c）政府はこれらの緊急措置に関する制度の運用を乱用しないことを付帯決議し[44]、その後5月4日に本会議で成立した。なお、この法律により、災害対策本部などの行政の災害対応組織は災害対策基本法によって規定されることになり、中央災害救助対策協議会などの従前の災害対応組織の規定は災害救助法から削除された。これにより災害救助法は、いわば災害救助の具体的手段についてのみを定める法律となった。

1962年4月27日に政府は激甚災害法の大綱を閣議決定し[45]、1962年8月31日に激甚災害法が成立した。激甚災害法は、大規模災害により国民経済に著しい影響がもたらされ、地方自治体財政の負担が大きかったり、被災者に特別の助成が必要であったりする場合に、中央防災会議の意見を聞いたうえで、内閣総理大臣がその災害を激甚災害であると政令によって指定し、さまざまな財政上の措置をはかるものである[46]。成立当初、財政上の措置の具体内容は、以下の法律などにもとづく公共建築物や土木構築物の復旧にともなう補助率を増加させるものであった。

- 公共土木施設災害復旧事業費国庫負担法（公共土木施設の災害復旧事業および新設又は改良に関する事業）
- 公立学校施設災害復旧費国庫負担法（公立学校の施設の災害復旧事業）
- 公営住宅法（公営住宅又は共同施設の建設又は補修に関する事業）
- 生活保護法（保護施設の災害復旧事業）
- 児童福祉法（児童福祉施設の災害復旧事業）

- 身体障害者福祉法（身体障害者更生援護施設の災害復旧事業）
- 精神薄弱者福祉法（精神薄弱者援護施設の災害復旧事業）
- 売春防止法（婦人保護施設の災害復旧事業）
- 伝染病予防法（伝染病院、隔離病舎、隔離所又は消毒所の災害復旧事業）
- 激甚災害のための伝染病予防法（伝染病予防事業）
- 堆積土砂の排除事業
- 湛水の排除事業

平時においても多くの公共建築物や土木構築物は、自治体がそれを建設する際に、さまざまな国の補助が入っている。公共建築物や土木構築物の災害復旧においても同様[47]であるが、激甚災害に際しては、その補助率をかさ上げし、地方自治体の負担を軽くするものであった。また、農地などの被害についても公共建築物や土木構築物と似た対応がとられた。農地に対する補助制度はシャウプ勧告（1949年）により打ち切られたが、被災農家の反対運動により1950年に農林水産業施設災害復旧事業費国庫補助の暫定措置に関する法律（暫定法）として復活していた。さまざまな予算措置などとともに、激甚災害法によって農地復旧に対する補助率もかさ上げされることになった。

激甚災害法の適用基準は法の成立後に総理府・自治省と、大蔵省の意見対立のなかで調整され[48]、最終的に、地方自治体の標準税収入を基準として、公共建築物や土木構築物にどの程度の被害があったか（災害復旧事業費の査定見込み額）を算定し、対象区域を全国とする本激と対象区域を明示する局激といわれる2本立ての基準となった。これにより、大規模災害時は激甚災害法を適用することで、公共建築物・土木構築物・農地などの災害復旧にかかわる国庫補助をかさ上げするという災害対応ガバナンスが確立された。これは55年体制下の自民党にとって都合のよい仕組みでもあった。大規模災害の被災地に対しては国庫補助として資金が入り、地元の土建業者が公共建築物や土木構築物などの復旧にあたり、復旧しながら地元が潤う、いわば土建国家的な災害対応であった。同時にこれらを法律で定めることによって被災地選出議員の過度な政治的圧力が避けられ、大蔵省にとっても都合がよかった[49]。

災害対策基本法によって、都市化が進む社会に適合した災害対応体制が計画的なものとして構築されることになった。同時に、大規模災害に対して公費投入をどのように行うかという政治的課題についても、被害を受けた公共建築物、土木構築物、農地などの復旧のために国による大規模な補助を、通常の災害復旧事業の補助率のかさ上げとして行い、地方自治体が通常の公共事業の延長として復旧にあたるとする激甚災害法によって決着がつけられた。この決着により、災害復旧のための財政制度は、地方自治体の負担を軽くするものとして、被害把握から仮復旧、被害査定から本格的復旧工事まで、その手続きは具体的にマニュアル化され、全国でほぼ標準化されていくことになった[50]。これにより日本社会における現代まで続く災害対応ガバナンスの基本構造が確立した。災害救助法によって確立された災害対応における基本的な役割分担、つまりは、国と地方自治体の間で権限が揺らぎつつも地方自治体が中心となって災害対応にあたり、民間組織は業者としてしか役割をもたないというメカニズムがさらに強化され、災害対応ガバナンスはハード中心の土建国家的なものとなった。

激甚災害法により、普段から公共事業を行って知識・ノウハウをもつ地方自治体の力を活かし、迅速に災害対応を行うことが可能になった。その反面、災害対応は土建的なものであるとするイメージが強くなり、同時に、現代にいたるまで被災者支援が混乱し続ける構造をつくりだすことにもつながった。前述した激甚災害法で補助率をかさ上げする社会保障関係法に注目してほしい。成立当初は、生活保護法、児童福祉法、身体障害者福祉法、精神薄弱者福祉法、売春防止法、伝染病予防法があげられているが、その補助内容はいずれも施設の復旧であり、中小企業に関する助成、罹災公営住宅の建設に関する特例、母子及び寡婦福祉法による貸付の特例などは例外とはなるものの、被災者へなんらかの特別な給付やサービスを行うことが主たる目的ではなかった。

被災者支援の不十分さは激甚災害法の国会審議においても指摘されていたが、制度化されなかった。国立国会図書館に在籍した八木寿明は、被災者支援をめぐる論議や立法経緯をまとめた論文の中で、個人被災者に対する助成に関して、当時の大蔵省主計局主計官の下記の答弁を取り上げている[51]。1962 年 8 月 29 日の参議院地方行政・災害対策特別委員会連合審査会では「一般の勤労者等の個人災害に対しては、融資制度はあるが、国からの見舞金等の措置はない。これは、国全般の公平の原則、国の莫大な財政負担等を考慮して、被災者個人に対する見舞金等の措置は現段階では行き過ぎではないかと考え、提案の法案にも取り上げていない」との答弁がなされた。また、1962 年 8 月 30 日の参議院地方行政委員会では激甚災害法の「第 2 条の趣旨は、公共団体が、被災者に直接弔慰金、見舞金を出した場合に、国が措置するというものではない。個人に対する立ち上がり資金の融資制度があるので、現在のところは弔慰金、見舞金等の助成措置は考えていない」との答弁がなされた。なお、参議院地方行政委員会では、「被災者の生活援護については適切な方途を検討すること」との附帯決議が付されている。

災害救助法にくわえ、災害対策基本法と激甚災害法によって構築された地方自治体中心・ハード中心ともいえる災害対応ガバナンスは、被災者支援の混乱を繰り返す下地ともなった。現代にいたるまで災害対応のメカニズムにおいて「人」は中心になっていない。

3.3　被災者支援関係法の議員立法 ——災害弔慰金法と被災者生活再建支援法

被災者支援の混乱を繰り返す下地ともなった地方自治体中心・ハード中心の災害対応ガバナンスに対して、「人」を中心とした被災者支援の観点からどのような対応がなされてきたのであろうか。災害のたびに特別な対応を行うことはあるが、法律として制定されたものは「災害弔慰金の支給等に関する法律（災害弔慰金法）」と「被災者生活再建支援法」である。象徴的であるのは、どちらの法律も、内閣が国会に法案を提出する「閣法」ではなく、国会議員が国会に提出する「議員立法」として成立していることだ。阪神・淡路大震災に対応するべく成立が目指された被災者生活再建支援法の成立や改正についてはさまざまな文献[52]があり、広く国民の関心を集めたため、新聞記事など報道の量も多い。しかし、災害弔慰金法の成立については、わずかな例外[53]を除き研究は充実していない。ここでは先行研究や当時の新聞報道などによりながら、両法の成立経緯を検討する。

災害弔慰金法の成立

まずは災害弔慰金法の成立について検討する。災害弔慰金法は、1967年8月の羽越水害[54]を契機として[55]、1973年に成立した議員立法である。本法の成立によって、災害により被害を受けた個人に対する補償がはじめて法制化した。

災害弔慰金法の成立以前から、先述した激甚災害法の成立過程にもあらわれていたように被災者支援にかかわる議論は存在した。このとき用いられた概念が「個人災害」というものであった。これは、政府にとっての災害とは公共的被害、つまりは、インフラストラクチャーや産業基盤への被害のことであるとの認識を前提とした概念である。このような概念設定は後年の阪神・淡路大震災に際して被災者生活再建を「復興」と呼ばず、インフラストラクチャーの復興に対比されるように「生活復興」と呼んだことにもあらわれる。人が中心とならないことは、日本社会の災害対応ガバナンスの宿《しゅく》痾《あ》のように思える。

災害弔慰金について批判的に検討した中村万里絵によれば、個人災害の救済を制度化することについては、災害対策基本法や激甚災害法の制定のころより多くの議論があった[56]。その萌芽は1961年ごろにみられる。例えば、1961年、日本社会党によって衆議院へと提出された「被災者援護法案」において、災害弔慰金制度の樹立を求める主張が行われている。法案は生活資金の貸付と並んで、見舞金、弔慰金の支給を規定していた。この法案は、審議未了となったが、なくなった方の冥福を祈り、かつ、遺族の再起を援助し、個人の努力によっては免れることができない災害について、弔慰金を遺族に支給することで国が全面的に補償すべきであるとの見解は、すでに示されていた。その後も、災害が起こるたびに国会議員からよく似た趣旨の発言が繰り返された[57]。

1967年には、衆議院災害対策特別委員会に設置された災害対策の基本問題に関する小委員会において、各党が有する災害対策についての要望が、「災害対策要綱案」という形で取りまとめられた。要綱案では、国が個人災害に対して責任を負わないという従来の方針は冷酷すぎるという考えのもと、国に要望する援護措置があげられた。この援護措置には、「弔慰金」という文言は用いられていなかったが、「災害により死亡した者の遺族に対し、その死亡した者一人につき三万円以内の葬祭料を支給することができる」との項目が置かれ、「災害を受けた個人の人々に対して、最小の見舞い金なり葬祭料なり立ち上がり資金を支給しよう」とする方針が共有されていた[58]。

さらに、公明党により1968年には「国土災害国民共済法案」の要綱が発表され[59]、1970年には、「災害共済法案」が、参議院に提出された。この法案は、個人災害に対する救済措置が制度上きわめて不備であるという観点では1961年に提出された「被災者援護法案」とも共通するものであった。だが、一定の掛け金を要する共済事業を実施しようとしたという点で、それまでの個人災害の救済を制度化する法案とは異なるものであった。この法案も審議未了に終わった[60]。また1970年には総理府による個人災害共済制度についての全国調査も行われた[61]。

当時、個人災害救済の法制化が実現にいたらなかった背景には、政府の慎重な立場があった。つまり、私有財産制度のもとで、国家や政府が個人の被害を補償することは困難であり、個人災害からの回復は、保険制度や各種の社会保障制度により自主的に行われるべきであるという立場である。1970年に、共済制度によって個人災害の救済をはかろうとする「災害共済法案」が登場したのも、このような事情に対応しようとする動きであった[62]。

長年の議論の末に、1972年2月、災害対策の基本問題に関する小委員会が、個人災害の救済措置の確立を目指して協議し、同年5月に「災害弔慰金構想」を結実させた。構想の骨子は、①政府は、市町村が大規模災害で死亡した者の遺族に支給する災害弔慰金について、予算措置により、その2分の1を補助する、②補助の対象となる弔慰金の額は、1件につき10万円を限度とする、というものであった。この構想を受け、国庫補助による市町村の災害弔慰金支給制度が創設された[63]。

八木寿明によれば、この構想に対する見解を問われた砂田重民総理府副長官は、以下のような答弁を行っている[64]。1972年5月24日に衆議院災害対策特別委員会議では「国が直接弔慰金を支給することは適当ではないという考えを持ち続けていた。しかし、現実には、災害死亡者の遺族に対して、自主的な判断で弔慰金を支給する市町村が増えている。弔慰金を支給する市町村に、国が補助することは、十分に意義がある」。また、同年6月9日の参議院災害対策特別委員会では、「災害弔慰金は、なくなられた方に弔慰を表する性格のものであり、所得や年齢による制限は考えていない。また、重軽傷者、家屋の損害を受けた者への対象範囲拡大については、弔慰金制度とは別に、災害救助とか社会保障の制度があるので、これらの制度により住居、衣料を確保すべきものと考える」と答弁している。あくまで地方自治体への支援であるという点と、社会保障ではなく弔意をあらわすものであるという点が強調されたうえで、制度が創設された。

翌年の1973年7月13日、参議院災害対策特別委員会において「災害弔慰金の支給及び災害援護資金の貸付けに関する法律案」が提出された。同委員会に設置されていた「桜島等の火山活動による災害及び個人災害等の対策に関する小委員会」の佐藤隆小委員長から、以下を趣旨とする起草報告が行われた。①各党との意見調整をはかり、意見が一致した法案であること、②1972年度に設けられた災害弔慰金補助制度では十分ではなく、災害により重傷を負い、また、住居、家財に損害を受けた世帯の生活の建て直しに資するため、災害援護資金の貸付を行うこと、③援護資金の貸付については、全世帯の3分の2程度が対象となるよう所得制限を設けること、④弔慰金の支給および援護資金の貸付は、いずれも限度額は50万円で、その2分の1を国が補助または貸し付けること。なお、法案に対する内閣の意見を求められた齋藤邦吉厚生大臣は、「政府としてはやむを得ないものと考えております」と答えている。災害弔慰金法は1973年9月18日に公布され、同年7月16日以後に生じた災害に遡及して適用することとされた[65]。

被災者生活再建支援法の成立

次に阪神・淡路大震災をきっかけとして制定された被災者生活再建支援法の制定経緯を確認する。先述したように被災者生活再建支援法についてはさまざまな文献で言及されている。法の制定経緯を詳述することが本書の目的ではないため、主に弁護士の津久井進の記述[66]に従って簡単に確認しておく。

災害弔慰金法成立後に、被災者支援が大きな問題となるのは1995年に起きた阪神・淡路大震災においてであった。死者は6400人を超え、全半壊した住家は10万棟を超えるなど甚大な被害があった。しかし、阪神・淡路大震災での義援金は1世帯当たりに均等配分したとすると40万円程度で、遺族でなければ弔慰金もない。ここでも個人災害補償の問題が噴出するのは当然の流れであった。

しかし、「私有財産は自己責任」、「住宅の確保は個人の問題」などとして、個人災害の補償は難しいというのが政府の立場であった。それに対し、さまざまな市民団体、研究者・研究機関、作家の小田実らの著名人などによって個人災害の補償制度や共済制度を求めるアピールが連なり、全労災協会・日本生協連・兵庫県らで全国規模の署名運動を求め（最終署名数は2482万8964人）、全国の都道府県で「自然災害に対する国民的保障制度を求める県民会議」が設立されるなど、次第に個人災害の補償を求める運動は大きくなっていった。

超党派の地震議連に所属する議員を中心に国会での動きも活発化し、公私の団体から支援法の原案となる試案も次々に示されるようになった。1997年7月17日には全国知事会で「災害相互支援基金制度」の創設を特別決議し、国会および関係省庁に制度創設を求めた。こうした動きを受けて、1997年5月には与野党有志議員による「市民立法案

(災害弔慰金法の改正案)」、同年12月には新進党・民主党・太陽党の「野党3党案」が参議院に提出された。1997年10月には自民党の素案がまとまり、1998年2月には地震議連、自民党などの合同会議で「被災者生活再建支援法案」がまとまり、同年4月21日に参議院で審議入りし、4月24日に参議院本会議で可決、5月15日に衆議院本会議で可決成立し、5月22日に被災者生活再建支援法が公布された。

このように被災者生活再建支援法は、市民運動が社会を突き動かして成立した法律であるが、その当時、「小さく産んで大きく育てよう」というフレーズが飛び交ったことにみられるように、支援金の上限は100万円であり、阪神・淡路大震災には遡及適用されず[67]、支援金を住宅再建には使用できないなど、個人災害補償として十分な内容ではなかった。その後2000年10月に起きた鳥取県西部地震[68]において、鳥取県は「鳥取県西部地震被災者向け住宅復興補助金」の制度をつくり、住宅再建に公金を使う例をつくった。2003年の宮城県北部地震[69]における宮城県の取り組みをはじめ、全国の地方自治体は住宅再建に対する独自の支援制度を次々に設け、2003年の全国知事会では「自然災害被災者支援制度の創設に関する緊急決議」が採択された。

2004年3月には被災者生活再建支援法が改正され、支援金は最高300万円に増額され、住宅解体撤去、ローン利子払いなどの住宅関連費用の支出が可能となったものの、同年10月に起きた新潟県中越地震[70]では住宅再建には利用できなかった。2007年の能登半島地震[71]、新潟県中越沖地震[72]を受け、2度目の法改正が行われ、収入要件や年齢要件を廃止することで支援金の支給対象者が広がった。使途を限定しない定額渡し切りの見舞金とすることで、住宅再建にも利用できるようになった。

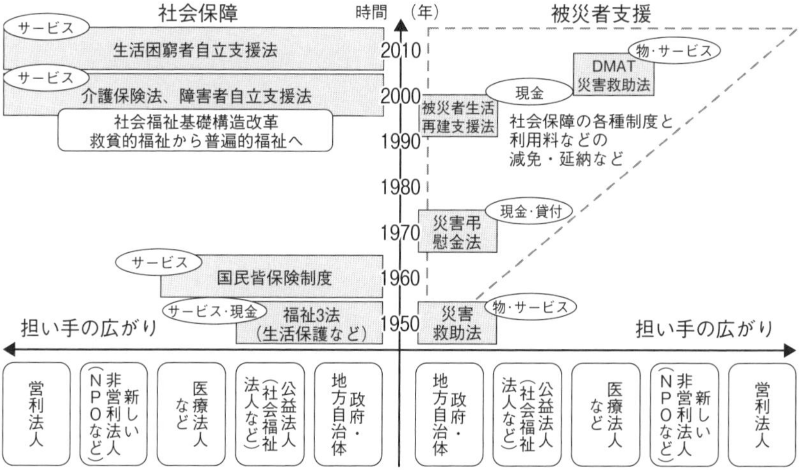

図 3-5　社会保障と被災者支援の制度展開

資料：筆者作成

3.4　同時代の社会保障の展開と孤立する被災者支援

さて、ここまで被災者支援に注目しながら災害法制の展開を追ってきた。被災者支援の制度展開を一言で述べるなら、「社会保障からの孤立」といいうるものであろう。被災者支援の制度展開を同時代のさまざまな法制度、特に社会保障の基本的な法制度の展開と並べて考えてみたい（図 3-5）。

1947 年に成立した災害救助法は、日本国憲法（1946 年）、地方自治法（1947 年）、生活保護法（1946 年（旧法）・1950 年（新法））といった日本社会の根幹的な法制度が出来上がっていく時期に制定された。生活保護法を所管する厚生省社会局保護課が災害救助法の所管となったことにあらわれるように、災害救助法は明確に生存権保障としての弱者援護の発想のもとでつくられた法律である。平時は資産調査を行うような生活保護法、有事はその暇はないので誰でも救助対象とできる災害救助法といった機能分担であった。つまり、被災者支援は当初、社会保障の一環として構想された。ただし、法律制定後の実際の運用を決めていくなかで、民間慈善との関係性は薄くなり、行政が中心となって被災者支援を行うことになり、行政監督のもと福祉サービスを供給する民間団体を位置付ける社会福祉法人に代表されるような、官民が役割分担して社会保障を担うような関係性は構築されなかった。さらに、未熟な地方自治のもと、国と地方自治体の役割は不明瞭になった。

伊勢湾台風（1959 年）を契機として成立した災害対策基本法（1961 年）や激甚災害法（1962 年）では、災害対応組織や計画、ハード中心の復旧に重きが置かれ、被災者支援は相対的に小さいポジションしか与えられなかった。同じころ、国民皆保険制度（1961 年）が成立していたが、被災者支援において、社会保障としての意味合いは十分には考慮されなかった。その後の展開も含めて、被災者支援と社会保障のかかわりは、被災者の個別の課題を災害とは切り離して社会保障の各種制度で対応する、もしくは、激甚災害法、社会保障関係法の災害時規定、各種通知などにもとづいて生活援助的なサービスを供給するといったものであった。ハードに偏重した対応への反動のように、災害のたびに「個人災害救済」を求める声が上がった。議員立法としてこの声に応えたのが災害弔慰金法（1973 年）であった。ただし、災害弔慰金法は、弔慰金として現金給付を行うものである。これは同時代の社会保障とは明確に異なる発想にもとづいていた。児童福祉法（1947 年）、身体障害者福祉法（1949 年）の福祉３法体制や、知的障害者福祉法（1960 年）、老人福祉法（1963 年）、母子及び寡婦福祉法（1964 年）を加えて福祉６法体制として展開した社会保障は、現金給付を行う生活保護法を例外として、行政や社会福祉法人などによって行われるサービス給付を中心としたものであった。災害救助法の出自にもかかわらず、被災者支援は社会保障として捉えられてはいなかった。

1995年の阪神・淡路大震災や2011年の東日本大震災において、被災者支援は社会保障とはまったく異なるものとしてあらわれてしまう。阪神・淡路大震災においては、持家か借家を問わずにたまたま住んでいた家の壊れ具合いである罹災証明書の区分が、被災者支援の基準となった。災害弔慰金法と同様に「個人災害補償」の議員立法として成立した被災者生活再建支援法（1998年）も罹災証明書の区分を基準とし、現金を給付するものであった。罹災証明書の発行には明確な法的根拠がなかったが、東日本大震災を受けて実施された2013年の災害対策基本法の改正において、発行が市町村に義務づけられた。たまたま住んでいた家の壊れ具合いという、社会保障とは隔絶された基準が被災者支援にもたらされた。さらに、東日本大震災をふまえ、2013年に災害救助法は厚生労働省から内閣府へ移管された。

それとは逆に同時期の社会保障は「社会福祉基礎構造改革」の真っただ中であり、自らや家族の自助努力が失敗した場合にのみ福祉制度の対象となる救貧的なものから、介護保険のように誰もが利用する普遍的なものへとそのあり方を大きく変えつつあった。欧米でも福祉国家の機能不全が叫ばれる状況のなか、社会的排除に対応する形で社会的包摂[73]が、社会保障の主要課題として浮上した[74]。この状況は2008年の年越し派遣村[75]に象徴されるように、日本社会でも同様であった[76]。そのようななか、介護保険法（1997年）、障害者自立支援法（2005年）などにより、高齢者福祉や障害者福祉は、行政が中心となってサービスを措置する階層組織としてのガバナンスを行うのではなく、利用者が契約によってサービスを選択し、行政がその費用を賄う医療と同様の準市場[77]を中心とするガバナンスへと姿を変えた。また、DV法（2001年）、ホームレス自立支援法（2002年）、自殺対策基本法（2006年）など、それまでは社会保障の対象とは考えられていなかった事象も、社会保障の対象に含まれるようになった。さらに、対象者を、例えば、高齢者、障害者といった形で限定せずに、複雑に構築されたさまざまな社会保障の給付やサービスを対象者にあった形で調整することをも目的とする生活困窮者自立支援法（2013年）も成立し、医療・福祉の供給においてネットワークによるガバナンスが目指される状況となった。同時に、それまでは、医療を除いては、行政と社会福祉法人などの公益法人がサービス供給の主たる担い手であったのに対して、NPOなどの新しい非営利法人（サードセクター）や営利法人もサービス供給の担い手として登場してきた。その背景となるのは被災者生活再建支援法と同年に、同じく、阪神・淡路大震災が主要なきっかけとなって成立した特定非営利活動促進法（1998年）であった。

このように社会保障が展開するなかで、被災者支援は「社会保障からの孤立」として制度展開していった。災害対策基本法や激甚災害法が成立し、ハード整備に偏重した災害対応ガバナンスが構築されていくなか、弱者援護が出自である災害救助法のポジションは相対的に小さくなった。さらに、多くの場合災害対応経験が乏しい地方自治体が中心となって、ある地域にたまにしか起こらない災害に対応するという、社会的な学習がうまくなされない構造によって、被災者支援は抜本的に改善されるわけでもなく留め置かれた。被災者支援の不足を埋めたのは、現金給付や貸付として議員立法により成立した「個人災害補償」であったが、それは社会保障とは隔絶された独特の制度を被災者支援にもたらした。しかし、同時代の社会保障は弱者援護の発想にもとづく救貧的なものから、普遍的なものへと姿を変えた。被災者支援は独特なものとして社会保障から孤立した。これが、災害対応、特に被災者支援が現代においても混乱し続ける根本理由であろうと筆者は考えている。

第4章

被災者支援のフロントライン

社会はニーズにどのように反応したか

上＝熊本地震におけるサードセクターのネットワーク体（支援団体火の国会議、3.11 みらいサポート提供）
下＝セクター間調整のネットワーク体（県・社会福祉協議会・NPO 等連絡会議、全国災害ボランティア支援団体ネットワーク提供）

前章までに、構造的に災害対応に慣れようがない地方自治体に、災害対応・被災者支援の責任の大部分を押しつけることによって混乱を生み出すことになってしまった災害法制の展開や、そのなかで社会保障から孤立しながら展開していく被災者支援についてみてきた。当然、このような制度展開は、大規模災害の被災地に現行制度では対応できないニーズを生み出していった。災害弔慰金法や被災者生活再建支援法は「個人災害補償」というニーズによって生み出された。では、阪神・淡路大震災や東日本大震災で生み出された現行制度では対応できないニーズには「個人災害補償」以外にどのようなものがあり、社会はどのようにそれに対応していったのか。ここに日本社会の災害対応ガバナンスを変化させるヒントを見出したい。

前述したとおり、日本社会の基本的な災害対応ガバナンスの形成過程は、①敗戦直後の災害救助法を中心とした基本的な役割分担の確立、② 1959 年の伊勢湾台風後の現代的な災害対応・防災体制の確立、③ 1995 年の阪神・淡路大震災を頂点とした被災者支援関係法の議員立法による成立、④ 1995 年の阪神・淡路大震災以降の災害対応におけるボランティア・サードセクター・CSR・DMAT などの自発性への注目、⑤少子高齢化を背景とした東日本大震災以降の展開、の５つに分けて考えるとわかりやすい。前章では①、②、③について検討したが、この章では④、⑤について検討する。

4.1　ボランティア・サードセクター・CSR と DMAT ——自発性の調整

1995 年の阪神・淡路大震災がきっかけで生み出された法や仕組みは、被災者生活再建支援以外にも注目すべきものがある。それは主として個人が自発的に被災者支援を行う「ボランティア」、特定非営利活動促進法（1998年）がきっかけとなって日本社会に広がったNPOなどの「サードセクター」、営利企業の社会貢献活動や社会的事業といった活動として展開された「CSR」の広がり、および、災害時の医療供給の課題に応えた「災害派遣医療チーム（DMAT）」などである。いずれも、地方自治体中心・ハード中心の災害対応への異議申し立てという意味をはらんでいる。

ボランティア・サードセクター・CSR

前章までにみたように、法律面からみれば日本の災害対応の主な担い手は、戦後からずっと行政である。しかし、1995年の阪神・淡路大震災では、多くのボランティアが被災地に駆けつけ、「ボランティア元年」と呼ばれた。そして、行政とは異なる原理で多様な活動を展開するボランティアという存在が、社会的に認識されるようになった。法令によって災害対応に責任をもつ行政は災害対応に向かう社会の一面であるが、大規模災害の被災者のニーズにもとづく自発的な動きであるボランティアも社会の異なる一面である。阪神・淡路大震災をきっかけとして、「大規模自然災害が発生するとボランティアが来る」ということが行政上の常識となるほどに、ボランティアは社会に定着した。一例をあげれば地方自治体と地元の社会福祉協議会などが協定を結び、災害時には「災害ボランティアセンター」を開設し、被災者のニーズとボランティアの自発性を結びつける調整を行うことは、どの地方自治体でも当然の事柄となった[1]。

阪神・淡路大震災と「ボランティア元年」を経て劇的に変化したのは、民間の非営利・共益的な組織であるサードセクターの組織の状況であった。一般にNPOと呼ばれるようになったサードセクターの組織が中心となって展開した種々の運動の結果、1998年に特定非営利活動促進法が成立し[2]、公益的な活動を担いうる法人を比較的容易につくることが可能な時代となった。それ以前も、1896 年に定められた民法の 34 条に規定される法人（社団法人や財団法人）を中心に、行政以外で公益的な活動を行うことは可能ではあった。しかし、主務官庁制が敷かれており[3]、特定非営利活動促進法が成立する前は、主務官庁の許可がない限り公益にかかわる法人格を取得することができなかった。2006 年には公益法人制度改革関連 3 法が成立し、2008 年 12 月より、社団法人や財団法人にかかわる主務官庁制が廃止され、公益的な活動を行う法人格の取得はいっそう容易になった。このような状況のなか、福祉やまちづくりの領域で地域の課題を解決したり、フェアトレードや市民協働など新たな価値や仕組みづくりに取り組んだりと、サードセクターの組織の活動は広がりをみせた。行政だけが公的な問題を扱う唯一のアクターではなく、サードセクターが担う「新しい公共」が認識されるようになった。

また、ボランティア・サードセクターの自発的な災害対応に呼応するように、CSR（企業の社会的責任）を意識した営利企業の災害対応も広がりをみせた[4]。営利企業の CSR とは、「企業活動のプロセスに社会的公正性や倫理性、環境や人権への配慮を組み込み、ステイクホルダーに対してアカウンタビリティを果たしていくこと」[5]、「社会面および環境面の配慮を自主的に業務に統合することで、法的要請や契約上の義務を上回るもの」[6] などと表現され、営利企業が法的義務を超え、自主的に行うものである。もともとは 1910～20 年代に、アメリカの大企業の経営と所有が分離し、経営者という専門家によって企業が経営されるなかで、彼らがもつ権力をステイクホルダーから承認してもらい、正当性を確保するために考え出され、制度化され、現在まで継続してきたものである[7]。アメリカではその後、CSR の概念は、公民権運動などのさまざまな社会運動の影響を受けて、1970 年代になり精緻化され活発に議論されるようになった。また、ヨーロッパでは

1990〜2000年代にかけて失業や社会的排除、環境の持続可能性の問題が重要なテーマとなり、それらの問題にかかわる企業の役割や責任がCSRとして理解されていくことになった[8]。

CSRは日本にも1970年代から紹介されてきたが、本格的に理解が進むのは、1985年のプラザ合意後に対米直接投資が進み、日本企業がアメリカ社会と出会ったときからであった。現地企業の社会貢献活動に触れるなかで、日本企業でも企業フィランソロピー（企業による慈善活動）やメセナ（芸術文化支援）など、企業の社会貢献活動が盛んになった。企業の社会貢献活動を推進するため経済団体連合会が提唱した寄付者の会である「１％クラブ」や、企業によるメセナ活動の活性化を目的に設立された「企業メセナ協議会」が発足し、1990年は「フィランソロピー元年」と呼ばれた[9]。このような時代背景のもと、大阪ボランティア協会（1995年の阪神・淡路大震災においてボランティア・サードセクターの中間支援組織として成立した「阪神・淡路大震災の被災地の人々を応援する市民の会」の幹事団体となる）は、1991年に企業市民活動推進センター（CCC）を立ち上げ、1993年からフィランソロピー・リンクアップフォーラム（現フィランソロピー・CSRリンクアップフォーラム）を開催している。

阪神・淡路大震災では、１％クラブが「阪神・淡路大震災の被災地の人々を応援する市民の会」の一員としてかかわることになった[10]。経済団体連合会の当時の会長であった豊田章一郎の明確なヴィジョンのもと、被災者に直接分配される見舞金としての「義援金」以外に、サードセクターの組織を支援する「支援金」という考え方がとり入れられた。経済団体連合会が募集した経済界の募金１億1850万円のうち、35.1％が地元のサードセクターの組織の立ち上がり資金、25.3％が「阪神・淡路大震災の被災地の人々を応援する市民の会」の活動費となった。日本の営利企業が復興支援へ本格的に関与することになる当初から、サードセクターとの協働関係が存在していたことになる。このような歴史が、いくつかのルールやスタイルとして、東日本大震災における営利企業の復興支援に影響を与えていった[11]。

DMAT

また、阪神・淡路大震災は、避難所を中心として活動する従来からの医療救護班とは別種のものとして、災害医療の重要性を社会に投げかけた。医学者の山口順子と丹正勝久によれば、阪神・淡路大震災がそれまで災害医療という概念すら乏しかった日本社会に、はじめてその重要性を認識させる契機となった。救出中は意識清明であった被災者が、救出とともにその容体が急変し、心停止に至ったクラッシュ症候群。手足を挟んだ重量物を除去できず、現場での切断もできず、迫りくる火の手に巻き込まれた例。ヘリコプター搬送も十分に行えず、被災地内で適切な初期医療や手術・透析治療が受けられなかった例。これらに代表されるように、阪神・淡路大震災では初期災害医療体制の遅れが問題となった。死者 6400 人あまりのうち、救出救助、被災地内の医療、広域搬送いずれもが十分に行えず、「避けられた災害死」が 500 人にも達すると報告された[12]。

災害現場に災害医療専門チームを派遣できる体制を医学界は切望した。それにこたえる形で厚生労働省は 2001 年に厚生労働科学研究「日本における災害時派遣医療チーム（DMAT）の標準化に関する研究」を開始し、2005 年 4 月に日本 DMAT が発足した。DMAT は災害急性期に活動できるトレーニングを受けた機動性のある医療チームであり、医師、看護師、業務調整員（医師・看護師以外の医療職および事務職員）で構成される[13]。2019 年 4 月 1 日現在、742 の災害拠点病院が登録され[14]、それぞれ災害時に医療チームを派遣する能力をもつことが求められている。東日本大震災においては 47 都道府県より約380チーム、1800名のDMAT隊員が活動に従事した[15]。なお、災害救助法適用時は、DMATの費用は災害救助法によってまかなわれることになる（前章の図3-5参照）。

DMATを中心とした緊急期の災害医療の活動原理は、チームごとの判断に基礎をおいた調整（コーディネーション）である。例えば、都道府県域において災害医療の調整を担う「災害医療コーディネーター[16]」が育成され、制度的に位置づけられている。彼らは、平常時から地域における医療提供体制に精通し、専門的な研修を受け、災害対応を担う関係機関などと連携を構築していることが望ましいとされる。災害時には、都道府県域の医療調整を行う組織体制の構築、被災情報などの収集・分析・対応策の立案、DMATをはじめとする保健医療活動チームの派遣などの人的支援・物的支援の調整、患者の搬送の調整などの支援活動を行う。つまり災害医療コーディネーターは、民間や行政の医療機関から構成される平時の医療供給をベースとしながら、被災地の医療ニーズとDMATなどの災害医療の供給をネットワークによって需給「調整」している。行政が直接に医療供給をあてがう医療救護班の取り組みとは異なり、民間が中心となってサービスを供給し、政府が中心となって保険として費用を出すという、平時の医療供給の仕組み、つまりは、準市場によるガバナンスが活かされている。

ボランティア、サードセクター、営利企業のCSR、DMATの活動にあらわれるように、阪神・淡路大震災を契機とした現行制度では対応できないニーズに対する日本社会の対応は、法制度による責任にもとづく活動だけでなく、個別の個人・チーム・組織の自発性にもとづく活動を、調整というメカニズムによって最適化していくものであった。災害は事前に詳細に予測できないものであり、万全な計画を策定することは難しい。これに対して、なんとかしなければという思いをもった個人・チーム・組織を、いわば、現場あわせでうまく働かせる仕組みをつくっていくことが目指されたといえる。これは、災害救助法以降、伝統的に構築されたてきた政府が災害対応に必要な財・サービスを直接供給するという階層組織によるガバナンスではなく、むしろ、民間組織が自発的・主体的に活動しつつ、公共的な目的のために市場を調整するような、準市場やネットワーク、混合形態によるガバナンスが自然発生的に目指されたと考えることができる。

4.2　東日本大震災以降のサードセクターや営利企業の災害対応

これまで述べてきたように、阪神・淡路大震災以後、個人・チーム・組織の自発性にもとづいた活動を調整というメカニズムを通じて最適化していくということが、社会的に学習されてきた。民間組織はこのことを、東日本大震災以後も拡大・洗練させてきている。

サードセクターの災害対応

阪神・淡路大震災をひとつのきっかけとして、サードセクター向けの法人格を中心とした社会基盤が整備されつつあるなかで、戦後日本における最大級の自然災害として発生したのが東日本大震災であった。東日本大震災では、サードセクターの組織による災害対応は大規模なものとなった。復興支援活動を行ったサードセクターの組織はアンケートでリストアップできただけでも1420団体にのぼった。その活動は多様で柔軟である。復興支援活動への資金支出は3年間で少なくても1200億円程度と推計され、大半は民間資金であった。また、サードセクターの組織の62.9%が震災前に、37.1%が震災後に設立されたものであった。サードセクターの組織の45.5%が、営利企業の本

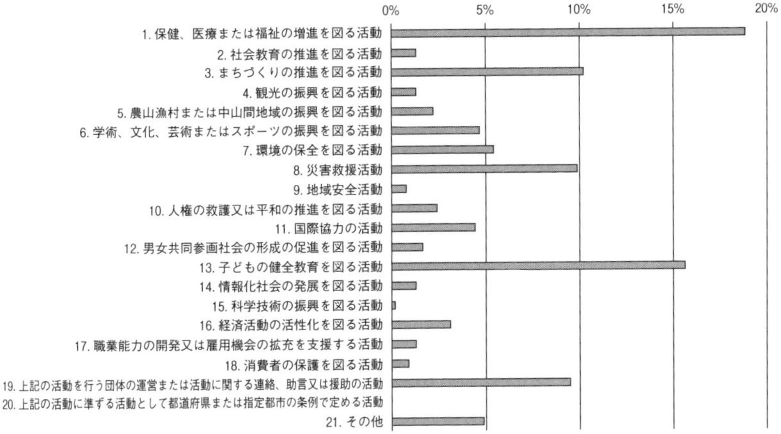

図 4-1　東日本大震災における民間支援団体が重視する活動分野（2013 年 11 月時点）

資料：菅野（2020a）を修正

社や本店にあたる主たる事務所を被災地に、54.5％は被災地外に置いている[17]。このように、行政だけが災害対応を行う時代から、住民自体が組織を立ち上げ、被災地内外の多様なアクターが災害対応にあたり、復興やその後の地域づくりに連続的に参画していく時代となった。

サードセクターの組織の活動内容は被災者支援を中心としながらも多様で、必ずしも災害救援に特化しているわけではない。災害時に活動するサードセクターのうち、災害を専門とする組織はそう多くなく、平時の事業領域を拡幅して取り組みを行うことが主流である。活動分野は「保健福祉」、「子ども」、「まちづくり」、「災害救援」、「中間支援」の順に多く、以上の５つで全体の 64.1％を占める（図 4-1）。

主たる活動内容を検討しても、サードセクターの活動の多様さと柔軟さがうかがわれる。自宅に住めなくなった被災者が避難所で生活を続け、また応急仮設住宅に移っていく期間である発災から 2011 年 9 月までの約半年の間は、「物資配布」、「避難所に対する支援」など物質的・物理的な支援活動が上位を占める。被災者の多くが応急仮設住宅に住むことになった2011年10月から2013年9月までの2年間は「被災者の生活行為を助ける支援」や「被災者の孤立防止」など、より被災者の生活に寄り添う活動へと移り変わっていった。被災者の生活再建が進む2013年10月以降は、「コミュニティ・住民自治への支援」、「心と体の健康に関する保健・福祉分野の支援」といった、被災者への支援に特化した特別な活動とはいいきれない、まちづくりや地域福祉にかかわる活動へと変化する。また「その他」の割合が増え、活動がいっそう多様化している。なお、世間の関心を引きつけ寄付が集まりやすかったと考えられる「子ども支援」や、個人ボランティアや支援団体を支援する「ボランティア・団体のコーディネート」、被災地域とは異なる場所で被災者を支援する「広域避難者支援」は、いずれの期間においても高い割合で実施される活動である。災害においては社会の脆弱性があぶりだされるため、平時の取り組みや課題の延長線上に多様なアクターの連携が必要となってくるテーマがある。結果として、フェーズが進むにつれ、サードセクターの組織の活動はだんだんと災害時の取り組みから平時の地域づくりに移行していく（図4-2）。このようにして、発災後に組織が設立されたとしても、平時の諸課題に対応していくこととなり、結果、担い手が増加することで平時の地域資源がさらに強化されることとなる。

サードセクターの組織は多彩な活動をみせる。被災地に本拠地を置く地元組織の例としては、「食べる通信」という一次産業をサポートするプラットフォームをつくった「東北開墾」、岩手県の沿岸部で広くボランティア調整を実施した「遠野まごころネット」、陸前高田市で震災の記憶の継承を目指す「桜ライン311」、宮古市で若者支援を行う「みやっこベース」、盛岡市で内陸避難者支援を実施した「SAVE IWATE」、宮城県仙台市を中心として被災者生活再建支援を実施した

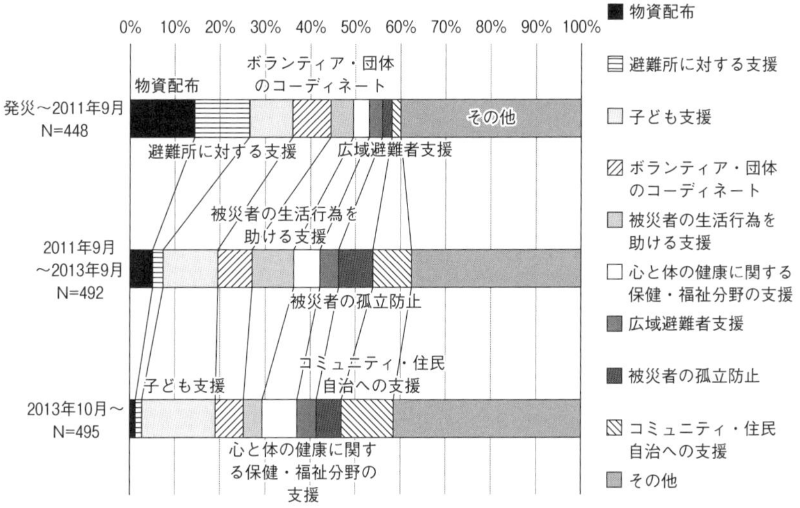

図 4-2　東日本大震災における民間支援団体が最も重視する活動内容の変遷
資料：菅野（2020a）を修正

「パーソナルサポートセンター」、気仙沼市で女性の就労支援や子ども支援を行っている「ピースジャム」、石巻市で子ども支援を行う「TEDIC」、福島県で障害者の支援を実施している「しんせい」、郡山市を中心に若者支援や被災者支援を行う「ビーンズふくしま」、いわき市で災害救援や仕事づくりなどを行う「ザ・ピープル」などがある。また、被災地以外に本拠地を置き、活動を展開した組織の例として、障害者支援を広く実施した「難民を助ける会」、子ども支援を広く実施した「セーブ・ザ・チルドレン・ジャパン」、陸前高田市を中心に活動した「難民支援協会」、宮城県気仙沼市を中心に活動した「シャンティ国際ボランティア会」、石巻市を中心にボランティア調整を実施した「ピースボート（現ピースボート災害支援センター）」、山元町で仮設住宅入居者を実施した「ADRA Japan」などがあげられる。

サードセクターの中間支援組織とネットワーク

サードセクターは全体として、調整や協働という営為でもって災害対応を行っている。そのメカニズムは一般にはわかりにくいが、きわめて効率的なものだ。なぜなら、サードセクターは効率的に社会ネットワークを発達させており、それを利用することで、適切な情報を素早く効果的に扱っているからだ。

具体的に考えてみよう。災害対応を行う行政・営利企業・サードセクターの組織にとって、災害のたびに頻繁に頭を悩ませることが起こる。それは情報の不明瞭さである。例えば、行政からみると、被災地に対してなんらかの活動を行う際、その活動が、被災者や被災地にとって効果的なのかが問われる。ただし、必ずしも行政が被災者や被災地にまつわる情報を十分にもっているわけではない。被災者に密着して活動するサードセクターの組織のほうが情報をもっているということがよくあり、しかも、行政が想定している活動は、そのサードセクターの組織からみれば効果的ではないかもしれない。または、行政が行おうと思っている活動を、すでにサードセクターの組織が先行的に実施しており、行政が実施するよりも、その組織に頼んで実施してもらうほうが効果的かもしれない。これは復興支援活動を行おうとする営利企業からみても同様である。

ただし、どのサードセクターの組織がそういった情報をもっていたり、活動したりしているかが、行政や営利企業からみるとわからない。例えば、寄付金を通じて復興になんらかの貢献をしたいと考える、ある営利企業が、3つのサードセクターの組織と知り合ったとする。組織Ａはある地域で仮設住宅入居者への生活支援を行っている、組織Ｂは異なる地域で住民の合意形成の支援を行っている、組織Ｃは被災地全体に対して助成金などの情報提供を行っている。しかし、いずれの組織についても、その活動は一般的なものなのか、特殊なものなのか、サードセクター全体のなかでどのような位置づけの組織なのか、活動の効果や組織の力量はどれほどのものなのかなど、活動や組織を判断するための情報が少ない。そのため、営利企業からみてどの組織を応援すべきなのかが判然としない。この不明瞭さは他セクターからはもちろん、サードセクターの組織同士でも感じられる。なぜならば、組織数が多すぎ、また、活動範囲も広く、活動実態の全容をつかむことがそもそも難しいためである。くわえて、県や政令指定都市が認証する特定非営利活動法人であるならばともかく、公証役場での手続きと法務局での登記で法人設立が完了する一般法人は、所轄庁という概念すらない。そのため、サードセクターの組織をリストアップすることだけでも困難である。

このような状況のなか、サードセクターの活動実態を把握している組織や情報を把握するための場や機構が必要とされる。この必要性に応えているのがサードセクターの中間支援組織（intermediary, infrastructure organization）やサードセクターの組織などが会議体として集まるネットワーク体である。中間支援組織とは被災者などに向けて支援活動を展開する直接支援組織（frontline organization）に対比される存在で、サードセクターの組織に主として資源（人、モノ、カネ、情報）を仲介したり、組織間のネットワーク形成を促進したりすることを役割としている。彼らは、行政、営利企業、サードセクターの組織が活動を行ったり、連携可能性のある相手や事業の委任先を探したりする際に、情報やノウハウを獲得するための社会ネットワークのハブとなりうる存在である。他セクターからみると、中間支援組織は、サードセクターの全体像を理解している事情通で、情報の非対称性を克服するために必要な交渉相手となりうる。ネットワーク体はさまざまな組織が参画する場や機構であり、そこではよりゆるやかで自発的に情報や資源が調整される。

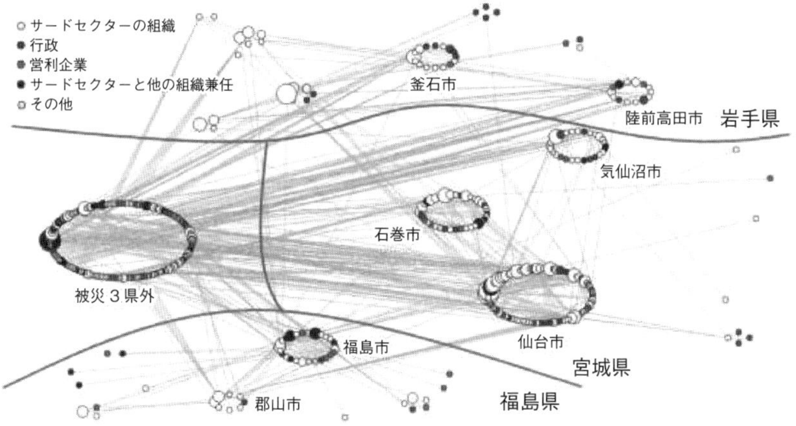

図 4-3　サードセクターのキーパーソンの社会ネットワーク（2016 年 6 月 23 日時点）

注：円の大きさが大きい人ほど、お世話になったり信頼したりしている人として多くの指名を受け、ネットワークのハブの機能を果たしている。
資料：菅野（2020a）

東日本大震災を例に、実際にサードセクターのキーパーソンの社会ネットワークを把握してみると（図 4-3）、多くの人が信頼したり、お世話になっていたりすると指名するような、ネットワークのハブが存在していることがわかる。ハブは中間支援組織に所属していることが多い。この社会ネットワークの構造を分析してみると、いわゆるスケールフリー性があり、インターネットとよく似た構造をしていることがわかっている[18]。つまり、10 億を超えるホームページが存在しているにもかかわらず、わずか数クリックで目的のホームページに到達させてくれる google をはじめとする検索サイトのように、ハブが効率的に情報を仲介する役割を行っているのだ。やりとりされる情報は、簡単にはわからない被災地のローカルな状況であったり、支援先を探す企業の情報であったり、行政の施策の情報であったり、助成金の情報であったり、モデルとなるような先進事例の情報であったりとさまざまだ[19]。

また、中間支援組織のうちでも、受益者負担が難しい領域で活動することが多いサードセクターの組織に、活動資金を中心とした資源を専門的に供与する組織として「財団」が存在する。情報調整の機能と財団の機能は同一の中間支援組織に存在している場合もあるが、多くの場合独立しており、同一組織に両方の機能がある場合でも分権化されていることが多い。おそらく、お金の力はきわめて大きな権力であり、それを振りかざした情報調整では、現地のニーズに寄り添った自発的な意思を尊重できないことがあるため、自律的に機能が分けられているのだと考えられる。

東日本大震災おける中間支援組織やネットワーク体の例としては、サードセクターに関する最大のネットワーク体である「東日本大震災支援全国ネットワーク（JCN）」、国際NGOの中間支援組織であり、情報調整と資金助成の機能をもつ「ジャパン・プラットフォーム」、被災３県にまたがるレベルでは、東北地域のサードセクターに対する助成などを中心的に行うコミュニティ財団である「地域創造基金さなぶり」、県域レベルでは被災３県それぞれに成立し、アドボカシー面で連携して活動することも多い「いわて連携復興センター」、「みやぎ連携復興センター」、「ふくしま連携復興センター」の３県連携復興センター、市町村域レベルでは、宮城県石巻市を中心に活動する「3.11みらいサポート」、福島県いわき市を中心に活動する「みんぷく」などが存在する。

営利企業の災害対応

東日本大震災においては、営利企業の災害対応も新しい展開をみせた。例えば、被災者の手に直接わたる「義捐金」のみならず、サードセクターの組織などへわたる「支援金」への理解が営利企業のなかで広がった。日本経済団体連合会（以下、経団連）が2011年10〜11月に経団連企業会員・団体会員および1％クラブ法人会員1485社に実施したアンケート調査によると、2011年9月末時点で支出した金銭寄付538億円のうち、138億円（26％）はサードセクターの組織などへの支援金であった[20]。また、中央共同募金会において実施された「災害ボランティア・NPO活動サポート募金（ボラサポ）」へは多くの企業寄付を含め44億円の募金があり、2016年まで助成が続いた[21]。また、これまでは営利企業による被災地支援は緊急期を中心としたものであったが、東日本大震災では復旧・復興の段階にまで期間が延長されるとともに、組織ごとに支援の内容・関心を向ける分野が多様化し、支援の輪も広がった。上述した経団連のアンケートによれば、営利企業の復興支援として、金銭寄付を行う（95％）のみならず、サービスを含む現物寄付（72％）、社員等の被災者・被災地支援活動への参画（56％）、企業内マルシェ（被災地の物品を企業内で販売）などの被災地の産品などの購買活動（27％）などさまざまな支援が実施されている。社員等への寄付の呼びかけ（86％）、消費者・顧客への寄付の呼びかけ（33％）も行われ、サードセクターの組織基盤強化や中間支援組織が行う活動を支えるといった取り組みもなされるなど、新たな支援分野への関心が広がった。

東日本大震災における営利企業の復興支援の展開を、いくつかの事例をもとに検討したい。「武田薬品工業」は、2011年3月の東日本大震災発生直後の緊急支援にはじまり、東日本大震災よりスタートさせた支援スキーム「日本を元気に・復興支援」プロジェクトで10年間・32億円・13のプログラムを支援するなど、合計約43億円の寄付を行っている。また、従業員のボランティア活動支援、労使共同企画によるボランティア活動、労使共催による復興支援企業内マルシェ、震災を風化させないための社内フォーラムなど、全社をあげての支援施策も行った。武田薬品工業は、これまでにも災害が発生した際、緊急期における義援金と医薬品の提供を中心に活動を行ってきたが、東日本大震災で被災された方々やサードセクターの組織の声を聞くなかで、より多様な支援を展開できると考えた。「支援する期間」を緊急期のみならず復旧・復興期まで広げ、活動に利用する「会社のもつアセット（資産）」をモノやカネだけでなくヒトや情報などへと「ストレッチ」させ、多様な支援を展開した。例えば、日本NPOセンターを支援した「タケダ・いのちとくらし再生プログラム」は10年間で12億円を拠出しており、被災地で活動するサードセクターの組織の基盤強化などに役立てられている[22]。「武田薬品工業」の事例には、東日本大震災における営利企業の復興支援の特徴がよくあらわれている。

「三菱商事」は、2011年4月、被災地の復旧・復興支援に総力をあげて取り組むことを目的に4年間総額100億円の東日本大震災復興支援基金を創設した（2015年には35億円を追加拠出）。社員によるボランティア活動、義捐金、緊急支援物資・機器の提供、被災した大学生への奨学金の給付、復興支援にかかわるサードセクターの組織への助成など、被災した地域の状況やニーズにあわせてさまざまな活動を展開した。2012年3月には、より柔軟かつ継続的な支援を展開していくことを目的に、「三菱商事復興支援財団」を設立。従来から実施していた奨学金やサードセクターの組織への助成にくわえ、より本業を活かす形で、産業復興や雇用創出に寄与する取り組みを開始した。福島県郡山市で果樹農業の6次産業化を支援する「ふくしまワイナリープロジェクト」など、現在にいたるまで多様な支援を展開している[23]。

さらに、本業の特徴を強く出した支援を展開した企業もある。例えば「資生堂」は「花椿」が社のシンボルマークであることから、椿を市の花とする岩手県大船渡市と陸前高田市で活動を行った。椿をテーマにできることを探し、住民と何度も対話するなかで、この地域では数十年前まで、各家庭において椿の実から油を搾り、食用や髪の手入れに使っていたということ、また、昔から大切にしてきた椿を街の新しい産業にしたいという考えが住民にもあることを知ることとなった。また、大船渡市では震災前から、椿を観光資源として扱ってきた経緯もあり、多様な支援を展開することになった。社員が参加する被災地での椿の植樹、企業内で大船渡市の産品を販売する復興支援マルシェなどにくわえ、この地域の椿（気仙椿）の認知向上を目指したフレグランスやドレッシングといった商品の開発・販売といったより本業に近い支援も展開している[24]。

「味の素」はサードセクターへの支援金、被災地への支援物資の送付はもとより、発災直後から、行政、栄養士会、大学、サードセクターの組織などと、復興支援のあり方について意見交換を行ってきた。そのなかで、仮設住宅での買い物の不便さや調理スペースの使いづらさなど、さまざまな理由により健康・栄養面の課題が顕在化してきていることや、仮設住宅団地において、住民たちの「語らいの場」が必要とされていることを知り、仮設住宅の住民の方々が集まって調理をし、おいしい料理を囲み、語りあう場を提供する「健康・栄養セミナー（のちに「ふれあいの赤いエプロンプロジェクト」）」を2011年10月より開始した。味の素はこの活動を中核としながら、食を通じた栄養改善に関する事業を通じて、日本・世界の社会的課題の解決に寄与することを目的とした「味の素ファンデーション」を設立した。東日本大震災にとどまらず、栄養や食を軸に多様な組織と連携しながら、より広い活動を展開している[25]。

「Google」社内には世界各地で起こる自然災害に対応するためのクライシスレスポンスチームが常設されており、2010年のハイチ地震[26]など以前の災害でも使われた安否情報確認サービス「パーソンファインダー」を東日本大震災発生直後に起動させた。その後、このサービスを日本語版に改修したほか、避難所などに張り出された安否確認情報の写真をクラウドストレージにアップロードし、それをもとに社外ボランティアが安否情報を手入力するというプロジェクトが開始された。3月29日には、参加ボランティアの合計は5000人に達し、処理した写真は1万枚以上、登録したデータ件数は14万件以上となり、きわめて迅速に安否確認情報が提供された[27]。

「日本マイクロソフト」は東日本大震災発生直後から、行政、サードセクター、ICT業界などと連携しながら本業を活かした復興支援を実施している。例えばソフトウェアやクラウドサービスを活用した緊急情報提供支援や、被災地へのPC提供のほか、サードセクターの組織や被災者がインターネットを通じてさまざまな情報を共有・活用したり、コミュニケーションできる環境を提供したりする「東日本大震災被災地支援プロジェクトICTキャラバン隊」をICT業界の連携によって展開するなど、多様な支援を展開してきた[28]。

協働

個人・チーム・組織の自発性にもとづく活動を、調整というメカニズムによって最適化していくことは、民間組織の間だけでなく、地域によっては行政と民間組織との間でも行われた。行政と民間組織などが、セクターの垣根を越えて共に同じプロジェクトを行うことを、本書では協働と呼ぶことにしたい。平時において地域福祉やまちづくりなど、さまざまな事業で行政と民間組織が協働関係を結んでいれば、災害対応や復興にかかわる特別な調整機構がなくても、災害時に適切な協働が可能である。こうした協働関係は、ニーズに即した災害対応を行っていくことにつながった[29]。

このような例は、典型的には仙台市にみられる。仙台市と「パーソナルサポートセンター」が協働事業として早期に実施した被災者生活再建支援は、平時の協働がもたらしたものである。仙台市は日本で最初期に、サードセクターの中間支援組織が運営するサードセクター支援施設を設置した自治体であり、多くのサードセクターの組織が発達していると同時に、行政とサードセクター間の協働が進んでいた。仙台市行政にとって、ある政策分野において、どのサードセクターの組織と組むべきかについて、他の地方自治体よりも明瞭であったし、どの組織と組むべきか相談に乗ってくれるサードセクターの中間支援組織もあった。結果として仙台市では子ども支援、まちづくりの支援、女性支援などで平時からの協働関係をベースに震災後もさまざまな取り組みが展開された。また、北上市においても、北上市と「いわてNPO－NETサポート」の災害前からの協働関係があったことから、震災後すぐに「きたかみ復興支援協働体」が成立した。ここにも平時からの協働の重要性があらわれている。

また近年は、「公民連携」などとして、行政が協働する相手はサードセクターの組織にとどまらず、大手企業の社会貢献のチームや地元企業などにも広がりをみせている。また、上述した復興支援における営利企業とサードセクターとの協働にあらわれるように、サードセクターの組織と営利企業（特に大手）は、国連の持続可能な開発目標（SDGs）を共通言語に、さまざまな社会的課題の解決にあたって協働する傾向が強まっている。

災害は急激な環境変化をもたらす。そのため、セクター間の協働が進んでいない地域でサードセクターの組織や営利企業が活動を展開することになると、それぞれの組織は、急に情報の不明瞭さに対峙することになってしまう。被災地や被災者の状況、どのような組織がどのような活動を展開しているかなど、信用に足る情報を得るために、さまざまな情報が集まる場や、正確な情報をもっており適切な情報交換や調整が可能な相手、いわば交渉役が必要となる。上述したとおり、この必要性に応えているのがサードセクターの中間支援組織や、中間支援機能をもつサードセクターのネットワーク体である[30]。彼らは情報を収集・共有することで、組織間の情報の非対称性を緩和している。さまざまなセクター間で情報交換や調整を行う場合、彼らが集約した鮮度の高い情報をもとに、行政・営利企業・サードセクターの組織の間の情報共有や活動の調整を行う機能をもつ会議体や連絡会である「セクター間調整のネットワーク体」が成立する場合もある。

セクター間調整のネットワーク体の目的は、行政やサードセクターの中間支援組織、個別のサードセクターの組織、そして場合によっては社会貢献や社会的事業に熱心な営利企業が、対等な立場で参加し協議を行うことである。それは平時から多様なアクターが参加する会議体や連絡会が拡幅されたり、新たに構築されたりすることで成立する、情報のハブとなる存在である。行政やサードセクターなど復興にかかわるアクターは、これを通じて、新鮮かつ信頼に足る情報を得る。その情報でもって組織間で生じる活動の漏れ・ダブり・非効率などを是正し、活動の目標を調整する。その状況が、再びセクター間調整のネットワーク体にフィードバックされ、さらなる調整が行われる。この際、一般的に「顔の見える関係」といわれるように、信頼関係（コミットメント）が醸成される。一般に個別組織間で情報を交換する際や、なんらかの事業を共同で実施する際などには、「相手が信頼できるのか」や「相手と共にやっていけるのか」といった疑問に答えるための、探索や交渉にかかわる費用、つまり取引費用が発生する。セクター間調整のネットワーク体によって築かれた信頼関係は、こうした取引費用を低減させる効果がある[31]。こういったことを繰り返すなかで、地域の将来像を組織間で共有し、多様なアクターによる復興や地域づくりが成し遂げられていくことになる[32]。

多様なアクターが情報共有し、互いの活動を調整していく機能をもったネットワーク体の成立は、阪神・淡路大震災における「被災者復興支援会議」、中越地震における「中越復興市民会議」など、過去の大規模災害においてもみられた。これらと比較した東日本大震災におけるセクター間調整のネットワークの特徴は、上述したサードセクターの組織の活動の広がりやCSR概念の浸透によって説明できる。サードセクターの組織が活動主体として一般化したために、①市町村を基本的な単位とし、より生活に密着した情報共有を行うようになった。また、②有識者や地縁組織の代表なども参加する計画の検討や合意形成の場というよりは、情報交換やさまざまな事業にまつわる調整のための、行政とサードセクターの組織、場合によっては社会貢献や社会的事業に熱心な営利企業が中心となるネットワーク体に純化した。ただし、③平時における行政・営利企業・サードセクターの組織が連携・協働する慣習の一般化の程度によって、セクター間調整のネットワーク体の成立状況に地域差がみられた。くわえて、④県域で活動する中間支援組織や国際NGOなどの外部支援者が参画することで、地域間の差異にかかわる情報や、地域外から得られる資源についての情報が効率的にもたらされるようになった。

ただし、東日本大震災発生時点においては多くのアクターにとって、中間支援組織やネットワーク体を通して連携するという手法は不確かなものであったため、行政と支援者の連携がどの地域でも適切になされたわけでは必ずしもなかった。その反省のもとに、全国的には「全国災害ボランティア支援団体ネットワーク（JVOAD）」が、都道府県域ではいくつかのサードセクターの中間支援組織やネットワーク体が中心となって、災害時にサードセクター内やセクター間の調整を行うための機構が平時から準備されるようになった。このような組織や機構を平時から準備しておき、定期的に訓練や勉強会、意見交換を行い、体制や取り組みについて検討することによって、災害時に機能を発揮できる状態を維持することが目指されている。もちろん財源の確保も重要な要素である。

セクター間調整のネットワーク体の実際の事例をみると、避難所での生活が続く緊急期から、行政とサードセクターの組織が情報共有や協議を行い、それぞれの施策を自律的に調整している。東日本大震災においては、標準的には基礎自治体レベルの地域ごとや、県域レベルにあっては支援のテーマごとに、セクター間調整のネットワーク体が成立した。セクター間調整のネットワーク体には、行政とサードセクターの中間支援組織や代表的な組織、場合によっては営利企業が情報共有や協議を実施することで成立した例や、サードセクターの組織同士のネットワーク体に行政職員が参与することで成立した例がみられた。仙台市において、地元NPOが中心となって国際NGOも加わり組織され、そこに仙台市職員もオブザーバー参加するなどして日次で情報交換・活動調整を実施していた「みやぎ連携復興センター（初期)」をはじめとして、政府現地対策本部・宮城県・自衛隊・NPOや社会福祉協議会から構成された「被災者支援4者連絡会議」、石巻市における「石巻災害復興支援協議会」や「3者調整会議」などが代表的な事例である。また、国レベルにおいても、「内閣官房震災ボランティア連携室」が、成立していた。これは当時の政権与党であった民主党に所属する議員個人の資質や、政権にサードセクターのことを熟知した民間人が登用されていたことを背景としている[33]。「内閣官房震災ボランティア連携室」は「震災ボランティア・NPO等と各省庁との定例連絡会議」を開催するなど、セクター間調整を実施していった。なお、「内閣官房震災ボランティア連携室」の取り組みは復興庁の「ボランティア・公益的民間連携班」へと引き継がれ、本書執筆時点でも継続している。

また、セクター間調整のネットワーク体を通じて交換される情報は、被災者支援全般にかかわる範囲の広いものであったが、行政組織上、単一の部局が所管するとみなされることがままあった。その場合、行政組織内の部局間連携がとれていない地方自治体においては、重要な情報が適切に処理されないこともあった。東日本大震災後に、セクター間調整のネットワーク体の成立をサードセクター側が自覚的に模索するきっかけとなったのは、平成27年9月関東・東北豪雨[34]の際の常総市洪水災害であった。この事例から、情報共有や協議が行われる範囲をみると、被災者支援を中心として被災者の生活にかかわる全般的なものであることがわかる（表4-1）。行政からしてみると、なんらかの事務を所管する一部局で対応できる範囲には収まらないものだ。

そもそも情報を取得するスタイルが、行政とサードセクターとでは異なっている（図4-4）。災害時の行政の機構、つまり、災害対策本部は、首長をトップとしたツリー構造で災害対応を行う。これは「官僚制」としてイメージできるものに近いだろう。この場合、各部局が、担当するテーマごとにさまざまな情報、例えば避難者は何人だ、土砂崩れが起こった場所はこの箇所だといったことを、個別に取得することが多い。上述したとおり、行政は平時の対応に最適化しているため、担当者は災害対応に慣れていないことがほとんどである。そのため、避難環境の良し悪しなど、専門性が必要な情報は評価ができないこともある。それらの情報を災害対策本部事務局が被害報などとしてとりまとめる。そのため、行政の情報取得は一般に網羅的・量的ではあるものの、間接的で遅く、専門性がないために大事な情報が落ちている場合もある。それに対し、サードセクターは社会ネットワークを通して情報を取得する。個別のサードセクターの組織は専門性や関心に応じて支援を展開し、現場から直接に情報を取得する。それを情報共有会議などのネットワーク体にもちより、情報交換する。過去の災害の経験から専門性がつちかわれている場合もあり、行政では評価不可能

表 4-1　セクター間調整のネットワーク体における情報共有や協議の内容
（平成 27 年 9 月関東・東北豪雨による常総市洪水災害の事例）

テーマ	項　目	項目に関する NPO/NGO 等の主たる対応
災害対応全般	現状認識	調査
	対応	制度の周知
	体制・資源	専門団体・専門職への紹介、制度の周知
避難所の避難者支援	生活環境	炊き出し、物資の活用、環境整備、専門団体・専門職への紹介、移送支援
	情報周知	情報の周知、多言語による情報の周知
	生活再建に向けた対応	個別支援
在宅避難者支援	生活環境	状況を踏まえた物資等の支援、炊き出し、個別支援、専門団体・専門職への紹介、移送支援
	情報周知	情報の周知
	生活再建に向けた対応	個別支援、サロン等の補完的支援
仮設住宅等の避難者支援	仮設住宅への移行の状況	個別支援、情報支援
	生活環境	個別支援、移動支援
	情報周知	情報支援
	生活再建に向けた対応	個別支援、サロン等の補完的支援
社会サービス・インフラの復旧	社会サービスの復旧	情報の周知、子どもへの支援
	インフラの復旧	情報の周知
恒久住宅・事業再開	恒久住宅	片付け・清掃、がれき撤去・泥出し、制度の周知
	事業再開	制度の周知、農地清掃

資料：菅野（2016）を修正

な情報を取得する場合もある。つまり、サードセクターの情報取得は個別的・質的ではあるが、直接的で速く、場合によっては過去の経験値が生きる場合がある。行政とサードセクター、どちらの情報取得が優れているという議論は不毛である。どちらの特性もふまえて、被災

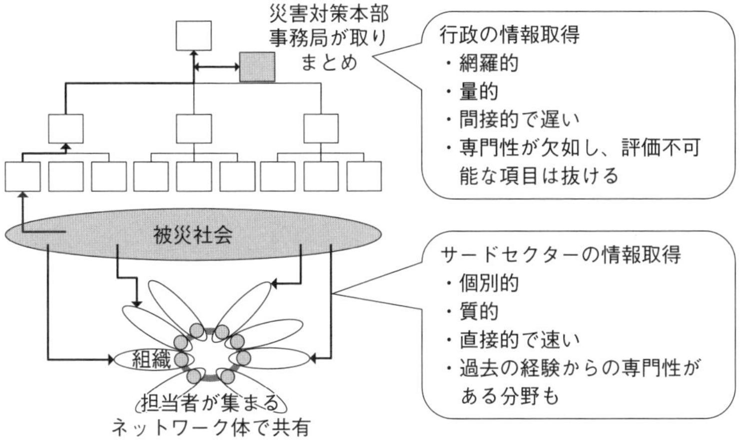

図 4-4　行政とサードセクターの災害時の情報取得のイメージ
資料：筆者作成

者にとって、よりよい災害対応が行えるようにすることが重要だ。それこそがセクター間調整のネットワーク体の意味である。行政とサードセクターは、お互いの災害対応の方法や文化を平時からそれぞれに理解しあうなかで、適切な連携を模索しなければならない。

行政とサードセクターの情報取得のスタイルが異なるため、セクター間調整のネットワーク体に参画する行政部局はいわゆる縦割りに陥ってはならない。彼らには自組織内で部局間の横串を通した調整が求められる。初期には危機管理部門、復興が進むなかでは復興部門や総務・企画部門などが調整役として適切であろう。行政組織内の調整を担う部局が力を発揮することで、適切な連携がなされることとなる。

上述したように、災害においては社会の脆弱性があぶりだされるため、緊急的な期間が終わったあとも、平時の取り組みや課題の延長線上にさまざまなアクターがさまざまな取り組みを行うことになる。セクター間調整のネットワーク体はこれらの取り組みを効果的なものとするために、情報の非対称性を緩和し、組織間の信頼を醸成することをサポートすることとなる。

東日本大震災におけるセクター間調整のネットワーク体の代表的事例として、「きたかみ復興支援協働体」や「岩手連携復興会議」などの「新しい公共創出事業」の枠組みを用いた取り組みや、「陸前高田NPO協会（陸前高田市まちづくりプラットフォーム）」、「気仙沼NPO/NGO連絡会」などがある。このうち、「岩手連携復興会議」について具体的にみてみよう。「岩手連携復興会議」は「新しい公共創出事業」の枠組みを用いてつくられた協議会で、「岩手県」と県域の中間支援組織である「いわて連携復興センター」が、月に１、２度程度の比較的高頻度で、復興にまつわる情報交換を行っており、本書執筆時点でも継続している。そこでは、岩手県が把握している復興の実情や今後の施策といった情報、いわて連携復興センターがサードセクターの組織を訪問して得た情報、ネットワーク体から得た情報などが交換される。そして場合によっては、岩手県とサードセクターの間で、施策や活動の調整も行われる。また、国レベルでも「３県連携復興センター会議」が現在にいたるまで定期的に開催されており、各県の連携復興センターだけでなく、サードセクターの代表的中間支援組織や復興庁の「ボランティア・公益的民間連携班」が常時参加している。

このほか、情報に限らず資源の調整という点に注目すると、大手営利企業の支援を受けながら「ETIC.」が実施した「右腕プログラム」が特筆に値する。これは被災地にある行政・営利企業・サードセクターの組織などに、リーダーをサポートできる人材を派遣するというものだ。

また、協働するアクターは行政・サードセクターの組織・営利企業にとどまらず、次にみる災害ケースマネジメントや災害時ケアプランのように、弁護士会などの士業団体や地縁組織にまで拡大している。

4.3　平時の社会保障との連続性

阪神・淡路大震災後に、平時の医療サービス供給のガバナンスである準市場をベースとしながら、ネットワークによるガバナンスを組み合わせて医療サービスの需給を調整するDMATによって、災害医療の供給が目指されたことはすでに述べた。DMATは政府が直接供給するのではなく、平時の医療供給体制に、より根差した形で災害医療を供給しようとする仕組みであった。災害医療という領域で生じたこのような対応は、東日本大震災以降は、より広い社会保障の領域で生じることとなった。それはまるで被災者支援の「社会保障からの孤立」を解消するかのような動きである。その背景には、先述したように、経済のグローバル化と少子高齢化が進展する社会にあわせ、社会保障制度が救貧的なものから普遍的なものへと変化を遂げていったことがある。介護保険法や障害者自立支援法（障害者総合支援法）、生活困窮者自立支援法などの成立は、こうした変化を象徴するものだ。東日本大震災の被災地は日本社会のなかでも少子高齢化が目に見える形で進んでいた地域であったということもある。

以下ではさまざまな動きをみせる被災者支援と平時の社会保障とを連続させる取り組みのうち、代表的なものを取り上げて検討する[35]。

災害ケースマネジメント

阪神・淡路大震災を契機として、たまたま住んでいた家の壊れ具合いである罹災証明書の区分を基準として被災者支援が行われるようになったことについては、すでに述べた。障害・高齢といったことや、失業など、被災者が抱えるさまざまな困難に罹災証明書の区分は必ずしも適合せず、被災者支援制度が非合理であることも確認した（前掲

表2-6、表2-7、表2-8)。このような状況に対して、東日本大震災以降の災害ではどのような反応があったのかをみていきたい。

東日本大震災において、仙台市は、2014年に「被災者生活再建推進プログラム」を策定したが、その実施評価のもと、2015年には「被災者生活再建加速プログラム」を策定した。これは、より効果的な支援策を追加したうえで、恒久住宅への移行と生活再建を支援するものである[36]。このプログラムでは仮設住宅入居世帯を、その生活状況から「生活再建可能世帯（住まいの再建方針や再建時期が決まっており、特に大きな問題はなく日常生活を送っている世帯)」、「日常生活支援世帯（住まいの再建方針や再建時期は決まっているが、主に心身の健康面に課題を抱えており、日常生活において継続的に支援が必要な世帯)」、「住まいの再建支援世帯（住まいの再建方針または再建時期が未定である世帯や、資金面、就労、家族関係などに課題を抱えているため支援が必要な世帯)」、「日常生活・住まいの再建支援世帯（住まいの再建に関して課題を抱えており、かつ、日常生活においても継続的に支援が必要な世帯)」の4つに分類する（表4-2)。「生活再建可能世帯」を含む全世帯には継続的な状況調査、支援情報の提供、公営住宅入居支援、住宅再建相談支援を実施する。「日常生活支援世帯」には①戸別訪問の実施、②健康支援、③見守り・生活相談、④地域保健福祉サービスによる支援を行う。「住まいの再建支援世帯」には①と⑤個別支援計画による支援、⑥就労支援の推進、⑦伴走型民間賃貸住宅入居支援を行う。そして「日常生活・住まいの再建支援世帯」には①②③④⑤⑦にくわえて⑧専任弁護士と連携した相談支援体制を提供する。こうして分類ごとに重層的に支援メニューを構築し、恒久住宅への移行と生活再建を支援する。

具体的には、以下のようなものだ。大量の被災者に対して政策資源を効率的に投入するために、戸別の訪問調査によって蓄積した世帯ご

表 4-2　仙台市の災害ケースマネジメントにおける世帯分類（2014 年 3 月 1 日時点）

類　型	内　容	世帯数	割　合
生活再建可能世帯	住まいの再建方針や再建時期が決まっており、特に大きな問題はなく日常生活を送っている世帯	5,686	66.0%
日常生活支援世帯	住まいの再建方針や再建時期は決まっているが、主に心身の健康面に課題を抱えており、日常生活において継続的に支援が必要な世帯	540	6.3%
住まいの再建支援世帯	住まいの再建または再建時期が未定である世帯や資金面、就労、家族関係等に課題を抱えているため支援が必要な世帯	2,133	24.8%
日常生活・住まいの再建支援世帯	住まいの再建に関して課題を抱えており、かつ、日常生活においても継続的に支援が必要な世帯	251	2.9%
	合　計	8,610	100.0%

資料：仙台市（2017）p. 132

とのケースデータを用い、世帯を上記 4 類型に分類する。そして、「被災者生活再建支援ワーキンググループ」（仙台市各部局、仙台市社会福祉協議会、パーソナルサポートセンター（PSC）など支援にかかわるアクターが参加する会議体）により、重点的な支援の対象となる「住まいの再建支援世帯」と「日常生活・住まいの生活再建支援世帯」を中心に、その生活状況を確認する。そのうえで、世帯ごとに個別の支援計画を策定する。これによって世帯ごとに支援目標や必要な支援メニューを定め、支援を担う各アクターが役割分担したうえで支援にあたる。「被災者生活再建支援ワーキンググループ」は定期的に開催され、各世帯の支援計画は更新しながら、生活再建を促進させていく。支援メニューは戸別訪問や、民間賃貸住宅の紹介、弁護士相談など災

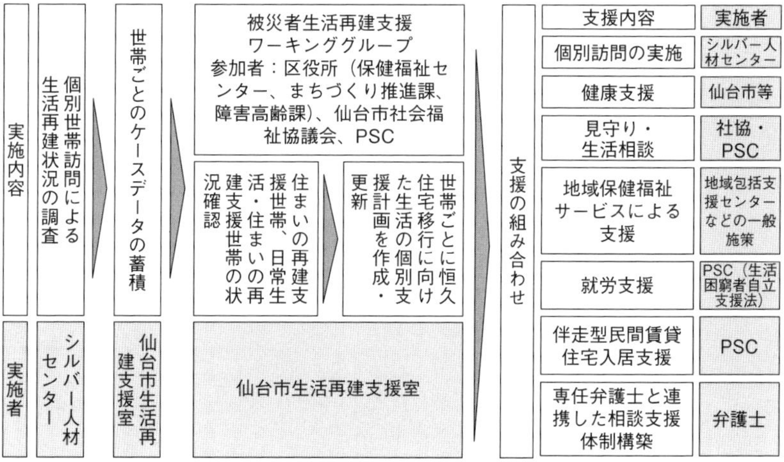

図 4-5　仙台市における災害ケースマネジメントの流れ

資料：筆者作成

害に特徴的なものから、生活困窮者への就労支援や介護保険法上の支援など平時の福祉施策まで多様である（図 4-5）。例えば、失業・低所得・解決が容易ではない生活上の問題などを理由として、最も生活再建が困難な被災者は、生活困窮者自立支援制度を活用することが多かった。

仙台市は東日本大震災の被災地において応急仮設住宅が 2 番目に多く供与されていた市町村であり、2014 年 4 月 1 日時点で 9309 世帯が被災者生活再建加速プログラムの対象であった。この取り組みの成果として、発災後 6 年を待たずに、仙台市民向けの供与が終了し、恒久住宅への移行が完了した。

この取り組みは、生活困窮者自立支援・地域包括ケア・地域共生社会づくりなど、ネットワークによるガバナンスによって福祉サービスを供給することを基盤にしている（これは地域福祉の領域において現在盛んに議論されていることでもある）。この取り組みの特徴は、①

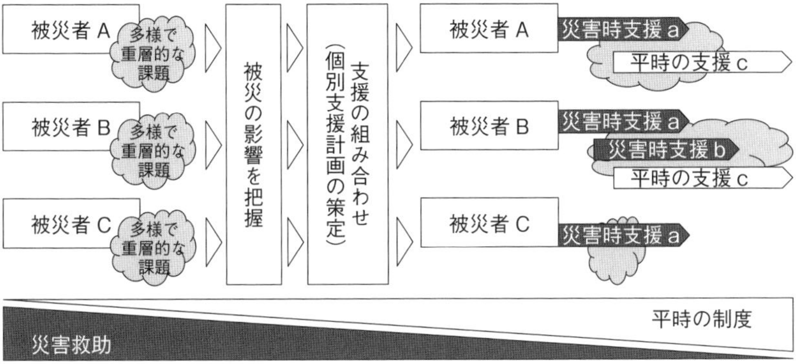

図 4-6　被災者生活支援における「災害ケースマネジメント」モデル
資料：筆者作成

個別世帯の状況に応じて伴走型で必要な支援が行われる点と、②多様なアクターが連携し平時施策も含めた多様な支援メニューが組み合わされる点である。こうした仙台市の取り組みを、日本版の「災害ケースマネジメント」[37]としてモデル化したのが図 4-6 である。重要な点は災害を災害に特化した制度だけで乗り越えるのではなく、平時の諸制度との連続性をもって乗り越えるという点である。災害（disaster）とは、危険を引き起こす加害力（hazard）× 社会の脆弱性（vulnerability）と定義される[38]ことを考えるならば、平時において個人や世帯など社会の個別の脆弱性に対応している社会保障を中心とした施策と、災害時の施策を連続的に組み合わせることは理にかなっていると考えられる。

仙台市において先行的に取り組まれた災害ケースマネジメント型の被災者支援[39]は、その後の災害対応において広がりをみせている。東日本大震災においては、岩手県大船渡市（2015 年 3 月に市、社協、NPO が設置した大船渡市応急仮設住宅支援協議会で実施）、北上市（広域避難者支援連携会議として 2016 年度から実施）、宮城県名取市

（一般社団法人パーソナルサポートセンターと連携し2017年度から実施）で実施されている。

その後に起こった災害では災害ケースマネジメント型の被災者支援は、より早い段階から実行されている。たとえば、2016年の平成28年台風第10号[40]の被害を受けた岩手県岩泉町（岩泉町、岩手弁護士会、岩泉町社会福祉協議会、複数のNPOが岩泉よりそい・みらいネットを設置し実施）において、また2016年の熊本地震においては、熊本県や熊本市で同種の取り組みが行われている。特に熊本市は区役所を中心に地域とのかかわりあいを意識し、縦割りになった福祉制度を連携させるための地域包括ケアシステム・包括的な相談支援体制の構築を視野に取り組みをスタートさせた。2016年の鳥取県中部地震[41]では鳥取県が危機管理条例を改定することで災害ケースマネジメントを制度化し、市町、市町社協、建築士会、宅建協会、日本FP協会（ファイナンシャルプランナーの団体）、鳥取県の中部地震復興本部、震災復興活動支援センターらがチームを組み、戸別訪問のうえ個別支援計画を策定し、被災者の生活再建を支援した。2018年の大阪府北部地震[42]では高槻市が鳥取県のスキームを参考に実施し、西日本豪雨では、愛媛県、岡山県、広島県および各県被災市町村で仙台市や熊本市のスキームを採用し実施している。また、徳島県は、南海トラフ巨大地震に備えた事前復興計画に、実際に発災した際には災害ケースマネジメント型の被災者支援を行うことを盛り込んだ。

これらの動きをサポートするように、厚生労働省は「被災者見守り・相談支援事業」を令和元年当初予算として計上した。これは、生活支援相談員が被災者の相談を受け、必要に応じて、生活困窮者自立支援機関・地域包括支援センターなどの平時の社会保障の支援機関につなぐことを目的としたものである。災害が発生するかどうかわからない年度当初から執行できる当初予算として計上したことが特徴で、大規模災害時にすぐに使えるようにしておくことが眼目である。実際に2019年の令和元年台風19号[43]では長野県をはじめとして、この事業を用いて災害ケースマネジメント型の被災者支援の取り組みがスタートしている。

災害ケースマネジメント型の被災者支援は、ネットワークによるガバナンスを志向した取り組みである。平時の生活困窮者自立支援制度に代表されるようなさまざまな支援機関が、「支援調整会議」などを通じて、支援対象者に伴走型でオーダーメイドの支援を行うものだ。

災害時ケアプラン

災害ケースマネジメントが発災後の社会保障との連続性を目指した被災者支援だとすれば、発災前に社会保障との連続性を目指す取り組みもある。それが大分県別府市の防災推進専門員である村野淳子や社会学者の立木茂雄が進める「災害時ケアプラン」の取り組みだ。

災害時ケアプランは、災害時に影響を受けやすい障害者などの要配慮者向けに、平時から個別の支援計画を策定する取り組みである。東日本大震災では、障害者の死亡率は全体死亡率より高かった。そのなかでも宮城県の死亡率が高かった。この背景のひとつに、障害者が施設ではなく在宅で生活ができるような福祉環境づくり（脱施設）を宮城県が進めてきたことがある。脱施設は、平時の社会保障のなかではノーマライゼーションを進めるよい取り組みであるが、その取り組みを進める際に、災害時のことを考慮しなかったことこそが問題であった[44]。

この問題を解決するために、大分県別府市は、当事者・市民団体・事業者・地縁組織・行政の５者協働による災害時の個別支援計画づくりを行っている。別府市の取り組みの基本は、災害時の要配慮者への対応と平時の障害福祉サービスを継ぎ目なく連結させることである。

そのため、要配慮者個人の避難行動などの災害時対応を定めておく個別計画の策定を、普段から障害福祉サービスの利用者のケアプランを策定している相談支援専門員が担っている。

つまり、災害時ケアプランは、障害者権利条約[45]の批准によって社会に求められるようになった合理的配慮[46]を、平時から災害時のことを考えて提供し、平時と災害時で継ぎ目なく連結させることを志向している。さまざまなアクターが協働することからもわかるように、災害時の福祉サービスの供給をネットワークによってガバナンスする取り組みである。大分県別府市を先進例とした災害時ケアプランの取り組みは兵庫県でも展開され、広がりをみせている。

4.4　ニーズへの自発的な対応を将来に活かす

以上でみてきたように、阪神・淡路大震災以降、DMATやボランティア・サードセクター・営利企業のCSRなど、個別の個人・チーム・組織の自発性にもとづく活動を、主としてネットワークやネットワークと準市場の混合形態によってガバナンスする取り組みがなされてきた。これらの取り組みは、顔の見える関係を築くことでアクター同士が取引する際の取引費用を減らし、特定のアクターが恒常的に学習して知識を増加させていくことで専門性をつちかう。そして、調整というメカニズムによって財やサービスの供給を最適化していくものであり、その方向は拡大・深化してきている。さらに、東日本大震災以降は少子高齢化を受けて社会保障が救貧的なものから普遍的なものへと展開したことにあわせ、被災者支援と社会保障を連続させる取り組みが進んだ。その際、福祉サービスを中心とする財やサービスの供給は、平時の供給にかかわるガバナンスを考慮した、ネットワークによるガバナンスによってなされていた。

これらの取り組みは、あらかじめ災害に備えて計画されたものというよりは、現場あわせでつくられた色合いが濃い。もう少し丁寧に表現すると、災害時のニーズにさまざまなアクターが自発的に反応しながら、実際の作動確認や調整を災害ごとに経験し、その結果をさまざまなアクターが学習することで、それぞれの領域の災害対応ガバナンスをフロントラインで創造的に構築してきたといえる。さまざまなアクターが自発的に構築してきた災害対応ガバナンスを明確に認識し、日本社会の基本的な災害対応ガバナンスに活かす必要がある。

第5章

餅は餅屋の災害対応へ

災害対応のマルチセクター化と社会保障のフェーズフリー化

上＝長野県災害対策本部のリーダー会議の様子（令和元年台風 19 号、古越武彦氏提供）
下＝長野県災害対策本部の被災者生活再建支援チームの様子（令和元年台風 19 号、古越武彦氏提供）

災害は、ある地域に、たまにしか起きない社会的課題である。しかし、構造的に災害対応に慣れようがない地方自治体に、災害対応・被災者支援の責任の大部分が制度上押しつけられている。それをより強化するような災害法制の展開や、そのなかで社会保障から孤立しながら展開していく被災者支援について、これまでみてきた。必ずしも得意でない担い手が災害対応の全般を行い、社会保障から孤立するように被災者支援が位置づけられている日本社会の災害対応ガバナンスこそ、災害対応・被災者支援の混乱原因の主たるものであると筆者は考えている。

しかし、阪神・淡路大震災以降、DMATやボランティア・サードセクター・営利企業のCSRなど、個人・チーム・組織の自発性にもとづく活動を、調整というメカニズムによって最適化していくことが目指され、その方向は拡大・深化してきた。さらに、東日本大震災以降は少子高齢化を受けて社会保障が救貧的なものから普遍的なものへと展開したことにあわせ、被災者支援と社会保障を連続させる取り組みが進んだ。政府直接供給という階層組織によるガバナンスの混乱を是正するため、平時のガバナンスを考慮して、ネットワークや準市場、それらの混合形態によるガバナンスによって、災害時に財やサービスを供給することが目指された。

これまで検討してきたこれらのことをふまえ、本書の結論として、日本社会の災害対応ガバナンスをどのように変更するべきかを提言したい。本書の提言をひとことでいうと、「災害対応のマルチセクター化」と「社会保障のフェーズフリー化」である。「災害対応のマルチセクター化」も、「社会保障のフェーズフリー化」も、政府のコントロールのもとに統制的に災害対応を行うのではなく、さまざまな担い手が、その得意技に応じて自発的に対応し、その活動をネットワークによるガバナンスを通じて調整することによって、協働して災害対応を行うことが規律づけられるような災害対応ガバナンスの構築を促すものだ。国・地方自治体といった政府のコントロールのもとに災害時に不足する財・サービスのすべてを供給するような、階層組織によるガバナンスを中心とする災害対応から、供給する財・サービスの性質にあわせて、ネットワークや、準市場との混合形態などの多様なガバナンスによる災害対応へと移行することを目指す。いわば「餅は餅屋の災害対応」を日本社会に生み出すための提言である。

5.1 災害対応のマルチセクター化

1947 年に成立し、戦後日本の行政中心の災害対応をつくる起点となった災害救助法によって、法の条文どおりとは必ずしもいえないが、セクター間や行政内の基本的な役割分担（行政中心で地方自治体に重い責任）が出来上がった。これにより、必ずしも明瞭とはいえない、基礎的な災害対応ガバナンスが確立され、それが現在も継続していることをみた。また、戦後すぐに GHQ の統治下で出来上がったこの古い法律を、たまたま災害が発生した地方自治体が急に運用することになってしまうことが、災害対応の混乱の主要な原因であることもみた。1947 年製のクラッシックカーをいきなり運転しろと言われ、エンジンのかけ方すらわからないなか、急にカーレースが始まるようなものである。

災害時の混乱を避けるためには、国と地方自治体間の権限の揺れといった、災害救助法に規定される各アクターの役割分担の不明瞭さをできる限り是正し、各アクターが自らの役割を簡単に認識することができるようにしなければならない。政府以外のアクターの参画も必須だ。国家による統制への懸念から、日本赤十字社以外の民間組織が災害救助法を利用できる規定は設けられなかったことをみた。しかし、現代における役割分担を考える際、特に緊急期の被災者支援を効果的に行うためには、政府のみならず、戦後発展を遂げた営利企業や、NPOをはじめとするサードセクターの組織などが、統制によるものではなく自発的に参加することで、社会の諸力が十分に発揮されることが重要である。「災害対応のマルチセクター化」という観点から、効果的な被災者支援を行いうる災害対応ガバナンスのための法的な基盤や具体的な仕組みを検討していく必要がある。

「災害対応のマルチセクター化」という方向性は別段目新しいものではない。実際に中央防災会議でも防災対策全般の方向性として議論されてきた[1]。本書の提言の新しさは、「災害対応のマルチセクター化」を目指して、災害救助法を改正すべきとするところにある。

大規模災害のたびに頻繁にみられる混乱について、再度みてみよう。例えば、市役所の玄関に仕分けもされない物資が、荷物を載せるための荷役台（パレット）に載せられもせず段ボール箱のまま山積みされるという、運送会社からすれば素人仕事にみえるような物資の配布における混乱。数日以上に及ぶ避難所運営を経験したことがある地方自治体職員がほとんどいないことから生じる、目の前にお年寄りが床で寝ていることが引き起こす問題にピンとこないような、どんな運営が正しいのかわからない状態での避難所運営。いずれも、ある地域にたまにしか起こらないという災害の性質を原因として構造的に専門性をもちにくい地方自治体がこれらの支援を行わなければならないことを規定している、災害救助法とその運用に由来する混乱である。つまり、物資の配布や避難所の運営といった、地方自治体を中心とした政府が行う財・サービス供給の取引費用が、現在の災害対応ガバナンスにおいては高すぎてうまくいかないわけである。

緊急期における「災害対応のマルチセクター化」とは、基本的な災害対応ガバナンスを、政府が直接供給する階層組織によるガバナンス

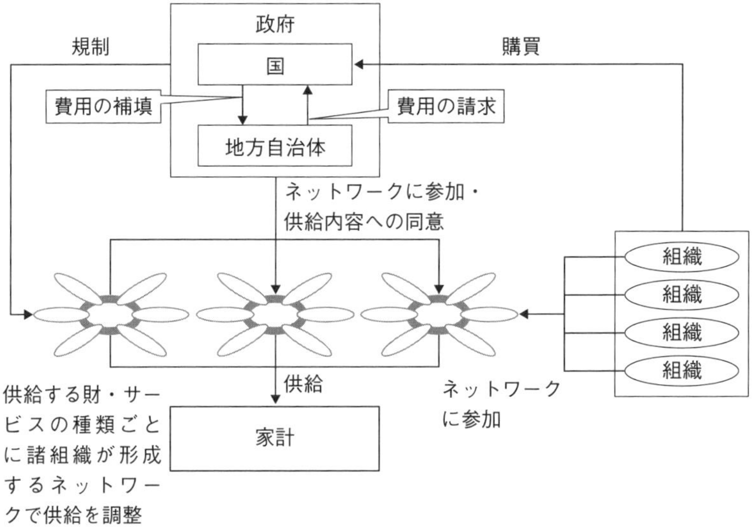

図 5-1　緊急時におけるマルチセクターによる災害対応ガバナンスのイメージ

から、さまざまなアクターが参画するネットワークによるガバナンスに変更することである。平時から財・サービス供給にかかわる知識や体制をもつ専門性の高いアクターが継続的に参画する状態を保ち、災害時の財・サービス供給にかかわる取引費用を低減することを意図している（図 5-1）。例えば、避難所でのサポートは国際的な人道援助に慣れていたり、普段から困窮者に対して権利擁護的な支援を行ったりするサードセクターの組織や、平時は市場において生活用品を供給している物流・小売り企業が協議体やアライアンス（＝ネットワーク）を組み、公的な位置づけをもって災害対応を行うといったことが考えられる。その際、財・サービスの供給について専門性をもちえない国や地方自治体といった政府が、委託などとしてコントロールするような方法ではなく、民間組織が政府と調整しながら自発的に支援を行う仕組みを創設することが必要である。実際に、イタリアの避難所で、温かい食事やワイン、ベッドがすぐに提供される理由は、さまざまなボランティアを中心とした民間組織が避難所での支援を実施し、ボランティアとして休暇を取ることを政府が保障し、かかった費用を政府が補填する仕組みがあるからである。ある地域にたまにしか起こらない災害への対応をうまく実施するためのノウハウや専門性の蓄積を、構造的に災害対応に慣れようがない地方自治体ではなく、営利企業やサードセクターの協議体・アライアンスが担う。これによって支援の質も恒常的に改善していくであろう。

緊急期における「災害対応のマルチセクター化」の実現のためには、地方自治体だけが公的な根拠をもって被災者支援を実施し、国に被災者支援の費用を請求することができるという、地方自治体中心の災害救助法の仕組みを変更しなくてはならない。例えば、災害医療のプロ集団であるDMATが活動する際も、その費用を国に請求するためには都道府県が要請を出さねばならない。災害医療の必要性を都道府県が的確に認識できない場合、DMATが十全に支援できないこともありうる。構造的に専門性が蓄積されにくい地方自治体のみで災害対応の全般を担うのではなく、専門性をもった協議体・アライアンスの自発的な判断のもとで行われる活動を、社会として信任しなければならない。この協議体・アライアンスが被災自治体との調整のもとで緊急時の被災者支援を実施し、かかった費用を国などに独自に請求するような仕組みが必要である。

国は協議体・アライアンスに参加する組織が実際の災害時にどのように活動するかをモニタリングし、必要に応じて是正を促す取り組みを行うことで、緊急時の災害対応を統御する。当然、国側も、一般的な社会保障における人権擁護の水準と同等の支援水準が確保できるような費用を支払う必要がある。現場が動きにくいルールを改善するなど、協議体・アライアンスからのルール変更の求めに応じる必要も出てくる。地方自治体はそれらの協議体・アライアンスに参画し、調整する方法を検討・訓練することになる。

くわえて、被災者生活再建支援金などとして実施される、住宅や家財の被害に対する金銭給付は、防災学者の永松伸吾や秦康範が提言するように、各建築物にかける保険に一元化する。その掛金は住宅の耐震化などの事前の防災対策に活用する[2]。このような制度によれば、資産の所有者に保険金が支払われるので、持家と借家の別なく支援されるという非合理も解消される。また、ハザードマップとしてあらわされる危険水準に応じて保険料を変動させることで、できる限り安全な立地に住宅を建てるよう誘導する。災害時に保険金支払いが超過する場合に備え、この保険を国・地方自治体が再保険することで、市場でリスクテイクできない不確実性に備える。この仕組みは、住宅や家財の被害への対応について、市場を政府が補完するような混合形態としてガバナンスするものである。災害時には、民間保険会社のみが家の壊れ具合いの調査を行い、地方自治体が罹災証明書の調査を行うことをやめる。現在でも地震保険などの対応の結果として、地方自治体よりも民間保険会社のほうが建築物の被害調査の専門性をもっている。建物の壊れ具合いや家財への被害の公的証明が仮に必要なのであれば、民間保険会社の結果を信認して証明書を発行する。

地方自治体の災害対応で最も人手がかかるのは、避難所運営や物資配布、および、たまたま住んでいた住宅の壊れ具合いを判断する罹災証明書の発行のための調査だ。地方自治体間の応援派遣は、現状はこれらの業務に集中している。誤解を恐れずにいえば、このような素人が素人を支えることに公費を投じ続けることは、端的に社会的な無駄である。「災害対応のマルチセクター化」によって、限られた公費を効果的に投じることができる。上記の避難所支援や保険の仕組みは「災害対応のマルチセクター化」の考えうる一例であるが、これだけでも、地方自治体の人手の問題は相当に改善されるであろう。その結果、例えば、住民に対する相談対応や、介護サービスの利用状況といった個人情報を諸アクターと共有することで災害対応に活用するなど、地方自治体が得意で、かつ、地方自治体しかできない業務に集中できる状況となる。その結果、社会の総体として災害対応の効果を高めことになるであろう。

このような「災害対応のマルチセクター化」のための一連の政策変更は、財やサービスを供給するために構築されている平時のガバナンスに即した、適切な災害対応ガバナンスを構築することでもある。平時のガバナンスでは、さまざまなアクターが専門的な知識や体制を保持し、また、それらを高めながら、財・サービス供給にかかわる取引費用を低減させるように適応している。そのため、災害時も、そのアクターに財やサービスの供給を担ってもらうほうが、彼らがもつ専門性を利用でき、財・サービスの供給にかかわる取引費用が小さくてすむ。ただし、災害時は、市場によるガバナンスを中心とした、平時のガバナンスがうまく働くとは限らないので、さまざまなアクター間での調整をともなうような、市場と階層組織との混合形態によるガバナンスや、ネットワークによるガバナンスを構築する必要がある。

防災学者の永松伸吾は、1995年の阪神・淡路大震災や2004年の新潟県中越地震の被災地経済を分析している。それによると、被災地経済体制が、助け合いを中心とする贈与経済から、平時の市場経済へと移行する過程において、財やサービスが市場では簡単に手に入らない（市場での供給の取引費用が高騰する）ため、平時は単独で市場に参加している各企業が話しあいながら分業し、ひとつの財・サービスを供給するような調整経済が成立することを説いている[3]。例えば、被災者向けの適切な栄養水準を満たした弁当を、業界団体の調整のもと、平時はライバル関係にある企業が分業しながら供給するといったことだ。本書の提案は、いわば、このような調整経済が自生的に発生することを待つのではなく、あらかじめ諸アクターから予期されるものとして制度化しておくということである。

5.2　社会保障のフェーズフリー化

ハード中心の制度設計によって、災害時の緊急期が終わっても被災者支援は混乱し続けている。これを改善するための処方箋は、災害ケースマネジメントや災害時ケアプランのような先進的な取り組みから確認することができる。つまり、平時の社会保障と被災者支援を連続させることだ。本書ではこれを「社会保障のフェーズフリー化」と呼ぶ。「フェーズフリー」とは身のまわりにあるモノやサービスを、日常時はもちろん、非常時にも役立てることができるように設計しておくという考え方だ。非常時には発電機・蓄電池として利用可能なように設計されているハイブリッド電気自動車などが代表例である[4]。「社会保障のフェーズフリー化」の基本的な考え方は、平時の脆弱性に対応する人・チーム・組織が、災害時の脆弱性にも対応するということである。

具体的には、生活困窮者自立支援法、介護保険法、障害者総合支援法、児童福祉法などにもとづく支援機関が災害時に被災者支援を行うことを各法に規定する。そして、それが実際の災害時においても可能となるように、平時のトレーニングの仕組みをつくる。また、災害時には急激なサービス需要が生まれるため、地域を超えた応援スタッフの派遣の仕組みも必要となる。

もちろん、災害時には平時には実施されていないような業務が発生する。例えば、厚生労働省の被災者見守り・相談支援事業などを活用して実施されている、災害ケースマネジメント型の被災者支援の取り組みがそうだ。この取り組みでは、在宅被災者や仮の住まいに入居する被災者への訪問（アウトリーチ）と、それにもとづく適切な社会資源の紹介・調整が行われている。そのため災害救助法に、在宅避難者への訪問といった福祉的な業務を位置づける必要がある、また、その後の中長期的な生活再建を支えるために、生活困窮者自立支援法などにも、在宅被災者や仮の住まいに入居する被災者への訪問といった災害時の業務が可能となる規定を置く必要がある。

応急仮設住宅やみなし仮設に代表される被災者の仮の住まいへの対応も、平時の社会保障体系の災害時規定として対応する。例えば、厚生労働省の住居確保給付金[5]や、国土交通省の住宅セーフティネット法の取り組み[6]など、平時から住宅確保が難しい「生活困窮者」や「住宅確保要配慮者」への対策が進んできている。こういった仕組みを災害時に条件を緩和しながら運用することで、平時から住宅支援にかかわる担い手の専門性を災害対応に活かすことができる。その際、たまたま住んでいた家の壊れ具合いのみを、住宅やその資金の供給基準にすることはやめるべきだ。発災後すぐは、現に居住場所に困っていることを基準とし、その後、時間の経過とともに、経済状態（例えば納税状況を指標とするなど）や社会的脆弱性の状況（障害者手帳の等級や要介護度など）などを基準とすればよい。

5.3　餅は餅屋の災害対応における防災・危機管理・復興部門の役割

「災害対応のマルチセクター化」と「社会保障のフェーズフリー化」を進め「餅は餅屋の災害対応」を目指す際に、国・地方自治体の防災・危機管理・復興部門はどのような役割を帯びるのかを付言して、筆を置きたい。

社会学者の野田隆は、緊急事態に対する組織対応の権威である社会学者ダインズの研究[7]を参照しながら、以下のように指摘している。予期された問題に対する解決案のまとめとしての計画や、状況を管理するための組織といった、「コントロール」を基本的な考え方とするのではなく、さまざまな組織が協調しながら活動するような「調整と協働」を基本的な考え方として災害対応を行うべきである、と[8]。筆者の考えも同様だ。部門やセクターを超えた「調整と協働」こそが、国・地方自治体の防災・危機管理・復興部門の独自の役割としてあらわれる。

筆者は、この数年間、大規模災害のたびに、さまざまな自治体の災害対策本部を間近で見聞し、場合によっては、一緒に災害対応を行ってきた。そのなかでも2019年の令和元年台風19号における長野県の対応は群を抜いてすばらしいものであった。長野県の災害対策本部の動きは、国・地方自治体による「調整と協働」の先進例である。

Twitter「長野県防災」を通じた救助対応、ボランティア・サードセクター・自衛隊などさまざまなアクターが協働した災害廃棄物処理のプロジェクトから始まった「ONE NAGANO」の取り組み、現行制度の問題と被災者ニーズをしっかりと把握したうえで立案された県独自の被災者支援施策など、長野県の災害対策本部を中心として創造的な対応がなされた。これらの対応は、美談として描かれがちな、混乱の渦中にあるリーダーの英断によってもたらされたものではない。もちろんリーダーも優れていたと思うが、それ以上に長野県の災害対策本部はよく準備をしていた。

長野県の災害対策本部は、多くの部局が参加するチーム制を引いている。多くのチームは同じフロアに集まり、緊密に調整を行う。これが可能となるよう平時に訓練を行い、訓練結果の反省のもと、体制・仕組み・執務空間などを毎年のように改善してきた。2014年に頻発した災害経験のなかでも対応はさらに磨かれた。職員を専門機関に出向させるなど、人材育成にも力を入れている。ジェネラリスト型の人材育成というよりは、災害のプロ・専門家を育成していくことを志向しているようだ。くわえて、調整を行う相手は長野県の各部局や国などの政府内にとどまらず、ボランティアの調整者や有力なサードセクターの組織にも及ぶ。調整を行いやすくするため物理環境もよく考えられており、ボランティアの調整者や有力なサードセクターの組織の担当者も同じフロアにいて、組織どころかセクターを超えてすばやく調整を行う。これは台風 19 号における特別対応ではない。東日本大震災以降のサードセクターの活躍を受けて、災害対策本部会議のメンバーにサードセクターの組織をくわえ、共に訓練し、顔の見える関係をつくってきたからこそできることだ。災害が起こる前に、セクターを超えて調整にかかわる取引費用を下げる取り組みを行っていたわけだ。

長野県の危機管理部の職員が平時から考え、組織を超えて実行してきた準備があればこそ、実際の災害対応で災害の全体像を的確につかみ、決して混乱に陥らずに余力を生みだすことができた。その余力があったからこそ、さまざまな調整のもと、先述したような創造的な対応が行われた。ここに国・地方自治体内の防災・危機管理・復興部門の「調整と協働」という独自の役割が明瞭にあらわれている。

「調整と協働」という役割は、東日本大震災に対応するために設置された復興庁にも当てはまる。復興庁は内閣に直属し、他の府省に指示を出すことができる権限をもつ。いわば、各省より格上に位置づけられた組織である。復興庁には、府省の枠組みを超えて、被災自治体にワンストップで対応することが求められた。そのために東京にある本庁のほか、岩手、宮城、福島の３県に復興局、３県の沿岸部と青森県、茨城県にあわせて８か所の支所・事務所を置いた。発災当初から政府の災害対応の中核を担い、復興庁の事務次官を務めた岡本全勝は、現地の状況や要請をふまえ、関係府省庁と解決方向を決め、指示を出したり助言をしたりし、それによって各府省や自治体が実際の仕事を進めるという司令塔機能として、復興庁の役割を説明している。実際に、東日本大震災からの復興にかかわる予算を扱う「東日本大震災復興特別会計」において復興庁の決算額は毎年2%を超えない水準であり（2013年度のみ国土交通省管轄の特別会計への繰り入れなどを行い例外的に高水準）、執行の多くは他省庁が行っていた（表5-1）。岡本がうまく表現するように、「被災地の復興に関することなら何でも、復興庁でひとまず引き受け」、「実務を行う現地や関係府省との意見交換や事業の調整を行」うことが「復興の司令塔」機能の主たる部分であった[9]。

行政学者の寺迫剛によれば、復興庁は、特定の課題に特別チームで取り組む「タスクフォース方式」を通して調整することで、司令塔機能を獲得した[10]。復興庁タスクフォースは復興庁だけでなく政策を所掌する各府省の局長級も構成員とする政策課題ごとに設置された会議体である（表5-2）。各府省の所掌事務の範囲を横断した迅速な政策決定を行うことで、復興政策の総合性と迅速性を両立したと考えられる。政府内関係において「コントロール」ではなく「調整」が用いられていることがわかる。

では、政府外のアクターとの関係はどうであろうか。復興庁は政府外のアクターとの関係に応じて、内部組織を柔軟に変化させてきた。幹部や総括・企画とハード整備にかかわる内部組織の政策上の位置づけは比較的安定している。だが、被災者支援・産業振興・「新しい東北」[11]を中心とした営利企業、大学、サードセクターなどとの協働が必要な政策にかかわる内部組織の位置づけは、設置当初から現在にいたるまで変化し続けている。自発的に活動するさまざまなアクターと

表 5-1　東日本大震災復興特別会計決算の歳出（百万円）

	2012 年度		2013 年度		2014 年度		2015 年度		2016 年度		2017 年度	
	決算額	割合	決算額	割合	決算額	割合	決算額	割合	決算額	割合	決算額	割合
国会	496	0.0%	185	0.0%	191	0.0%	143	0.0%	—	—	—	—
裁判所	21	0.0%	9	0.0%	—	—	—	—	—	—	—	—
内閣	246	0.0%	27	0.0%	43	0.0%	15	0.0%	14	0.0%	21	0.0%
内閣府	16,462	0.5%	81,803	1.9%	61,280	1.6%	51,078	1.4%	42,022	1.4%	35,952	1.6%
復興庁	57,069	1.8%	301,770	6.8%	119,590	3.2%	20,684	0.6%	24,802	0.8%	25,073	1.1%
総務省	674,813	21.4%	583,288	13.2%	417,670	11.0%	445,951	12.0%	346,893	11.7%	257,591	11.8%
法務省	5,779	0.2%	3,444	0.1%	2,757	0.1%	2,077	0.1%	1,225	0.0%	1,337	0.1%
外務省	505	0.0%	—	—	—	—	—	—	—	—	—	—
財務省	1,117,769	35.5%	909,811	20.6%	744,131	19.6%	818,284	22.1%	147,153	5.0%	64,840	3.0%
文部科学省	135,333	4.3%	273,070	6.2%	209,541	5.5%	185,196	5.0%	89,941	3.0%	52,102	2.4%
厚生労働省	259,727	8.2%	77,277	1.8%	38,197	1.0%	70,115	1.9%	39,532	1.3%	58,738	2.7%
農林水産省	100,955	3.2%	219,823	5.0%	305,944	8.1%	310,266	8.4%	267,303	9.0%	223,181	10.2%
経済産業省	176,327	5.6%	273,197	6.2%	85,871	2.3%	125,111	3.4%	76,941	2.6%	64,389	2.9%
国土交通省	266,195	8.4%	731,185	16.6%	1,113,931	29.4%	971,584	26.2%	868,402	29.3%	779,671	35.6%
環境省	256,994	8.2%	820,348	18.6%	650,805	17.2%	675,620	18.2%	1,045,805	35.3%	613,815	28.1%
防衛省	83,523	2.6%	131,287	3.0%	42,146	1.1%	33,746	0.9%	10,948	0.4%	10,832	0.5%
合計	3,152,221	100.0%	4,406,732	100.0%	3,792,102	100.0%	3,709,876	100.0%	2,960,987	100.0%	2,187,549	100.0%

注：百万円未満切り捨てのため合計が一致しないことがある。
資料：復興庁ホームページ（http://www.reconstruction.go.jp/）より作成

表 5-2　復興庁タスクフォース一覧

設置日	名　称	政策等の代表例
2013 年 1 月 11 日	除染・復興加速のためのタスクフォース （復興大臣・環境大臣共催）	除染適正化プログラム策定
2013 年 2 月 22 日	住宅再建・復興まちづくりの加速化のためのタスクフォース	住宅再建・復興まちづくりの加速化措置 （第 5 弾までで約 100 措置）
2013 年 3 月 21 日	原子力災害による風評被害を含む影響への対策タスクフォース	原子力災害による風評被害を含む影響への対策パッケージ策定
2013 年 11 月 13 日	被災者に対する健康・生活支援に関するタスクフォース	被災者の健康・生活支援に関する総合施策策定
2014 年 4 月 25 日	産業復興の推進に関するタスクフォース	産業復興創造戦略策定

資料：寺迫剛（2015）を修正

調整のうえで協働するために、組織を柔軟に変化させているわけだ[12]。

国として防災・危機管理・復興部門を一元化する機構をもつべきだという言説が多い。その際に一般にイメージされるのは、強力な権限にもとづくトップダウン的なコントロールによる災害対応、言い換えれば、現在よりもさらに統制的な階層組織によるガバナンスによる災害対応であろう。しかし、これまでみてきたように、現代の日本社会ではさまざまなアクターがそれぞれに最適化しながら多様な財・サービスを供給している。そして、福祉サービスの利用状況や、ある集落については誰と話すとスムーズかといった公式・非公式の住民にかかわる情報について、地方自治体がその情報を把握しつつ、その情報をもとにさまざまなアクターと調整を実施している。これらのことから、国を中心とした、より統制的な階層組織によるガバナンスで災害対応がうまくいくとは考えにくい。計画を十分に立てる暇がないのに計画経済によって災害対応を乗り切るようなものだ。防災・危機管理・復興部門を一元化する機構を国に設置するとしても、「災害対応のマルチセクター化」と「社会保障のフェーズフリー化」を進めたうえで、長野県や復興庁の例にあらわれるように、部門やセクターを超えた「調整と協働」を担うことこそを、その基本的な機能としなければならない。その場合も、実際に災害対応を行う中核的なアクターは平時から住民に向きあいさまざまなサービスを行っている地方自治体であろう。それを国やさまざまなセクターが補完するような体制が目指されるべきである。

災害時に不足する財・サービスについて、平時のガバナンスに応じた災害対応ガバナンスを平時から「調整と協働」によって構築しておく。それによって災害時の供給にともなう取引費用を低減させ、「調整と協働」によって供給の効果を担保することこそ、防災・危機管理・復興部門の役割であると筆者は考えている。国・地方自治体それぞれに「調整と協働」のための機構が存在し、災害対応における「調整と協働」にかかわる専門性をもつ人物・部門がそれぞれに養成されている状況をつくりだすことが、国・地方自治体の防災・危機管理・復興部門の役割であると考えられる。

「災害対応のマルチセクター化」と「社会保障のフェーズフリー化」を目指して、災害救助法や社会保障の各法を改正することで、「餅は餅屋の災害対応」を日本社会に生み出さなければ、被災者支援の混乱は解決できない。

註

【はじめに】

1　死者 272 人をはじめ、静岡県東部から神奈川県にかけて被害が発生。

2　関連死を含め 270 人以上の死者をはじめとして大きな被害を主に熊本県におよぼした。

3　Sphere Association (2018).

4　東北地方を中心に、関連死を含めた死者と行方不明者が 2 万 2000 人を超え、また、福島第一原子力発電所の事故も引き起こした、戦後日本最大の自然災害。

5　Wisner et al. (2003 = 2010).

6　6400 人以上の死者をはじめとして、兵庫県を中心に、大阪府、京都府に大きな被害をもたらした地震災害。第二次世界大戦後、日本に発生した地震災害としては、東日本大震災に次ぐ被害規模。

7　死者・行方不明者の数は 5000 人を超えるなど、紀伊半島から東海地方を中心に、明治以降の日本における最大の被害をもたらした台風。

【第 1 章】

1　本書において効果とは、目的もしくは結果の達成度合を示す「有効性」と、使った労力に対して得られた成果の割合を示す「効率」の、2 つの意味を複合する概念として使用する。

2　アクターは個別の「個人」と、「2 人以上の人々の意識的に調整された活動や諸力の体系」(Barnard 1938 = 1968) としての「組織」を念頭に置いている。注目するアクターが個人であるか組織であるかは、その災害対応ガバナンスの領域によって異なる。

3　1 つは「機能としてのガバナンス」で、「利害関係者の利益のための代理人の規律づけメカニズム」と表現できる。もう 1 つは「状態としてのガバナンス」で、機能としてのガバナンス＝メカニズムが成立している結果、利害関係者以外へなんらかの公共財が供給されている状態として整理されている (河野 2006)。なお、政治学では「独立性、資源の交換、ゲームのルール、そして国家からの著しい自律性によって特徴づけられる自己組織的な組織を横断するネットワーク」自体をガバナンスと呼んでいたり (Rhodes 1997)、「インタラクティブ・ガバナンス」として「一連のアイデア・ルール・資源の動員・交換・活用によって共通の目標を構築・促進・達成するために、さまざまな利害関心をもつ、多数の社会的および政治的アクターが相互作用する、複合的な過程」を指していたりする（Torfing et al. 2012）。経営学においては「コーポレートガバナンス」として企業の統治のメカニズムを問題にし、取引費用アプローチの経済学においては取引される財・サービスの性質（公共性と資産特殊性）に応じた取引のメカニズムをガバナンスと呼んでいる（Williamson 1996 = 2017）。必ずしも一貫性はないが、広くはなんらかの社会的な領域を統御するメカニズムを指している。

4　North（1990 = 1994）.

5　このような見方として、Gibson（1979 = 1985）や佐々木（1994）のアフォーダンスの概念を参照してほしい。

6　財・サービス供給の効果が高まることをさまざまな経済組織の適応過程として捉える知的伝統は、市場においてはハイエク、経済組織においてはバーナードにまで求められる（Hayek 1945 = 1986, Barnard 1938 = 1968）。だが、従来、市場における財・サービス供給の効果を理解することに集中しがちであった経済学を、経済組織内で供給することの効果をも共通のフレームワークに含みこんで理解する道を開いたのは、コースに始まりウィリアムソンに代表される取引費用のアプローチである。

7　Williamson（1996 = 2017）. Coase（1990 = 1992）.

8　Powell（1990）.

9　Le Grand（2007 = 2010）.

10　Piore and Sabel（1984 = 1993）. Saxenian（1996 = 2009）.

11　資産特殊性は、①場所特殊性（在庫費用と輸送費を節約するために、連続工程が相互に近接して設定されるなど）、②物的特殊性（部品を生産するのに必要な特殊な金型など）、③人的資産特殊性（仕事を経験しながら習熟するなど）、④特定の需要家のためになされる特別目的の資産、⑤ブランド資産、⑥時間的特殊性などとして把握されている（Williamson 1996 = 2017）。

12　さまざまな領域における災害対応ガバナンスを評価するにあたり、取引費用に関して筆者が想定する概念的なツールは下記である（下表参照）。ミルグラムとロバーツによると、取引費用には①調整費用と②動機付け費用があり、さらにそれがいくつかに分けられる（Milgrom and Roberts 1992 = 1997）。本書では①調整費用をサーチング費用、マッチング費用の２つに類型化しておきたい。サーチング費用は、市場においては買い手・売り手の存在を知る際、ネットワークにおいては参加するアクターが情報を取得したり、参加するアクターのなかから取引相手を探したりする際、階層組織の場合は意思決定に必要な情

表　取引費用が発生する典型的状況と取引費用低減メカニズム

		市　場	ネットワーク	階層組織
調整費用	サーチング費用	買い手・売り手の存在を知る	参加するアクターが情報を取得する、参加するアクターの中から取引相手を探す	意思決定に必要な情報を収集する
	マッチング費用	価格・取引条件を決定する、引き合わる	アクター間で目標や方針を合意する	意思決定を行う
動機付け費用	情報の不完備と非対称に伴う費用	知識のない買い手が知識のある売り手から商品を買う	取引するアクターが信用できるかどうかを判断する	知識があるメンバーがサボタージュすることを抑制する
	履行の不完全性に伴う費用	取引相手に契約を確実に履行させる	参加するアクターがその場限りの行動をとることを抑制する	メンバーに指示を確実に履行させる
アクターを規律付けて取引費用を低減する機構	制度（ルール・規範）	契約法（民法、業法など）、取引慣行など	会員機構、定款・規約、長期的関係にもとづく相互監視・評判による信用担保など	雇用契約、定款・規約、事務分掌、事業計画、人事考課制度、労働法、組織文化など
	物理環境	取引所、流通施設など	会議場所、コワーキングスペースなど	事務所、工場など

資料：筆者作成

報を収集する際などにかかる費用である。マッチング費用は、市場においては価格・取引条件を決定したり引き合わせたりする際、ネットワークにおいてはアクター間で目標や方針を合意する際、階層組織においては意思決定を行う際にかかる費用などである。同様に、②動機づけ費用も、情報の不完備と非対称にともなう費用と履行の不完全性にともなう費用の２つに類型化しておきたい。情報の不完備と非対称にともなう費用は、市場においては知識のない買い手が知識のある売り手から商品を買う際、ネットワークにおいては取引するアクターが信用できるかどうかを判断する際、階層組織においては知識があるメンバーがサボタージュすることを抑制する際などにかかる費用などである。履行の不完全性にともなう費用は、市場においては取引相手に契約を確実に履行させる際、ネットワークにおいては参加するアクターがその場限りの行動をとることを抑制する際、階層組織においてはメンバーに指示を確実に履行させる際などにかかる費用である。平時において、さまざまな財・サービスを供給するガバナンスは、これらの取引費用を低減する機構を発達させて社会に適応している。例えば、市場においては契約法（民法、業法など）といったルールや取引慣行といった規範などの制度、および、取引所や流通施設といった物理環境を発達させ適応している。ネットワークにおいては、会員機構、定款・規約といったルール、長期的関係にもとづく相互監視・評判による信用担保といった規範などの制度を主に発達させて適応し、場合によっては会議場所やコワーキングスペースなどの物理環境をともなうこともある。階層組織は雇用契約、定款・規約、事務分掌、事業計画、人事考課制度、労働法といったルールや、組織文化といった規範などの制度や、事務所や工場としてメンバーが共存する物理環境を発達させて適応している。

13　Nonaka and Takeuchi (1995 = 1996).

14　以下では実際の災害対応ガバナンスを改善するためにさまざまな分析や提言を行うことになる。さまざまな限界があるとはいえ、その命題はできる限り一般化を指向し、また、反駁可能性を担保したものとして提出することが、実践のみならず今後の学術的成果に貢献するうえでも重要であると考えている。ただし、あくまで実践上の操作可能性を最重視しているため、既往研究との比較可能性などに端的にあらわれる、研究上の操作可能性を低減している場合があることは断っておかねばならない。実践上の操作可能性に焦点をあてるために導入した災害対応ガバナンスという本書の最も重要な分析概念自体、経済学、政治学、組織理論などの社会科学と親和的な概念であり、過去の災害研究とうまく接合しているとはいえない。さらに、何を災害と捉えるのか、どの組織が災害に対応する責務があるのかなど、災害対応はある国や地域の法律や文化に密接に連関しているため、世界中で普遍的に通じるメカニズムを構築することは簡単ではない。そのため、本書では、基本的に日本における大規模な自然災害への対応を想定して論述することとする。既往研究との比較可能性を損ねている部分として、例えば、有力なフレームワークを採用していないことが挙げられる。社会科学を中心とした災害研究において、最も信頼に値するフレームワークは、Wisner et. al（2003 = 2010）が提出した、災害を「危険（Risk）=

危険を引き起こす加害力（hazard）×社会の脆弱性（vulnerability）」というR＝H×Vモデルとして捉え、社会の脆弱性をroot cause、dynamic pressure、unsafe conditionに分けて考えるPressure and Releaseモデルとして把握し、その枠内で個人や世帯が社会の脆弱性を操作することを捉えるAccessモデルであると考えられる。特に災害の状況を比較可能な形で捉える際に、上記モデルの重要性は疑いえないし、前２者は本書でも前提とされている。しかし、個人や家計を中心として災害対応や復興を捉え、組織や制度の違いを副次的に扱うことになるAccessモデルで記述することは、法律や慣習といった制度や、組織やその集合としてのセクターといったアクターを主たる対象として、ある社会の災害対応のメカニズムを分析するうえでは過度に複雑になってしまう。そのため本書では、実践上の操作可能性を重視し、日本社会に独特な災害対応のメカニズムを把握することを試みている。実践上の操作可能性を重視したこのようなアプローチは、結果として研究上の操作可能性や国際的な比較可能性を低減させてしまうことにつながる。例えば、災害対応が法によって政府に義務づけられているのか、何を災害とみなすのかなど、国や地域によって根源的な制度が異なるため、ある国で十分に機能したメカニズムが、別の国では機能しないということが起こってしまう。

【第２章】

1　風間（1998）。

2　少し長いが、災害対策基本法の政府の役割規定部分を抜粋しておく。なお、指定行政機関とは基本的に中央省庁、指定地方行政機関は基本的に国の出先機関である。

（国の責務）

第三条　国は、前条の基本理念（以下「基本理念」という。）にのつとり、国土並びに国民の生命、身体及び財産を災害から保護する使命を有することに鑑み、組織及び機能の全てを挙げて防災に関し万全の措置を講ずる責務を有する。

２　国は、前項の責務を遂行するため、災害予防、災害応急対策及び災害復旧の基本となるべき計画を作成し、及び法令に基づきこれを実施するとともに、地方公共団体、指定公共機関、指定地方公共機関等が処理する防災に関する事務又は業務の実施の推進とその総合調整を行ない、及び災害に係る経費負担の適正化を図らなければならない。

３　指定行政機関及び指定地方行政機関は、その所掌事務を遂行するにあたつては、第一項に規定する国の責務が十分に果たされることとなるように、相互に協力しなければならない。

4　指定行政機関の長及び指定地方行政機関の長は、この法律の規定による都道府県及び市町村の地域防災計画の作成及び実施が円滑に行なわれるように、その所掌事務について、当該都道府県又は市町村に対し、勧告し、指導し、助言し、その他適切な措置をとらなければならない。

（都道府県の責務）

第四条　都道府県は、基本理念にのつとり、当該都道府県の地域並びに当該都道府県の住民の生命、身体及び財産を災害から保護するため、関係機関及び他の地方公共団体の協力を得て、当該都道府県の地域に係る防災に関する計画を作成し、及び法令に基づきこれを実施するとともに、その区域内の市町村及び指定地方公共機関が処理する防災に関する事務又は業務の実施を助け、かつ、その総合調整を行う責務を有する。

2　都道府県の機関は、その所掌事務を遂行するにあたつては、前項に規定する都道府県の責務が十分に果たされることとなるように、相互に協力しなければならない。

（市町村の責務）

第五条　市町村は、基本理念にのつとり、基礎的な地方公共団体として、当該市町村の地域並びに当該市町村の住民の生命、身体及び財産を災害から保護するため、関係機関及び他の地方公共団体の協力を得て、当該市町村の地域に係る防災に関する計画を作成し、及び法令に基づきこれを実施する責務を有する。

2　市町村長は、前項の責務を遂行するため、消防機関、水防団その他の組織の整備並びに当該市町村の区域内の公共的団体その他の防災に関する組織及び自主防災組織の充実を図るほか、住民の自発的な防災活動の促進を図り、市町村の有する全ての機能を十分に発揮するように努めなければならない。

3　消防機関、水防団その他市町村の機関は、その所掌事務を遂行するにあたつては、第一項に規定する市町村の責務が十分に果たされることとなるように、相互に協力しなければならない。

3　指定公共機関や指定地方公共機関とは、電力・ガス・通信・旅客などのインフラ企業、流通大手企業、国立研究開発法人や日本銀行、日本赤十字社などである。

4　Weber（1921 = 1960).

5　田尾（1990）。

6　田尾（2015）。

7　Lipsky（1980 = 1986）.

8　田尾（1990）、p. 135。

9　平成28年熊本地震に係る初動対応検証チーム（2016）。

10　熊本県（2018）。

11　平成28年熊本地震に係る初動対応検証チーム（2016）。

12　理論的な検討は菅野（2018）を参照してほしい。

13　消防などのサービスは平時から財・サービスを供給しているため、Dynes and Quarantelli（1968）における定置型（Established）組織として発達しているとも言い換えられる。

14　野田（1997）。

15「災害の全体像」はCommon Operational Picture（COP）といわれるもので、一般に状況認識の統一図、共通状況図、主題図などと呼ばれている。しかし、この表現ではどうしても地図などの物理的な「図表」のイメージが強い。ここでは、例えば、「熊本地震並みの規模」、「基幹道路は大きな損傷を受けたが、エネルギー流通が止まるほどではない」といった、定性的な情報も含めて、ある組織の構成員全体や、対応に参画する諸組織がもつ災害の共通イメージという意味で用いたいため「災害の全体像」とした。

16　経路依存性とは人や組織がとる決定は、過去の選択によって制約を受けるという考え方。典型的には、コンピューターのキーボードに、必ずしも合理的ではないタイプライター時代のQWERTYレイアウトが使われていることにあらわれる。詳しくはPierson（2004 = 2010）を参照してほしい。

17　2018年6月28日から7月8日にかけて、西日本を中心に北海道や中部地方を含む全国的に広い範囲で被害が発生した集中豪雨。死者・行方不明者は270人以上にのぼった。

18　近藤ら（2006）。

19　http://crs.bosai.go.jp/を参照。

20　元谷ら（2006）。

21　様々な災害の被災市町村でワンストップの相談窓口を設置するのは、この状況をできる限り避ける取り組みとみなせる。

22　被災者のニーズと制度のズレの実態については岡本（2014）に詳しい。

23　在宅被災者の状況など、支援から漏れてしまう被災者の現状については岡田（2015）に詳しい。

24　牧（2020）。

25　条文は以下。

（罹災証明書の交付）

第九十条の二　市町村長は、当該市町村の地域に係る災害が発生した場合において、当該災害の被災者から申請があつたときは、遅滞なく、住家の被害その他当該市町村長が定める種類の被害の状況を調査し、当該災害による被害の程度を証明する書面（次項において「罹災証明書」という。）を交付しなければならない。

2　市町村長は、災害の発生に備え、罹災証明書の交付に必要な業務の実施体制の確保を図るため、前項の規定による調査について専門的な知識及び経験を有する職員の育成、当該市町村と他の地方公共団体又は民間の団体との連携の確保その他必要な措置を講ずるよう努めなければならない。

26　詳しくは菅野（2015）を参照のこと。

27　2012年2～3月、2014年3月に実施。2012年に実施した調査（以下2012年調査）は一般社団法人パーソナルサポートセンター（以下PSC）を実施団体とし、2014年に実施した調査（以下2014年調査）はPSCを実施団体（調査全体の設計、調査票の全体設計、送付先リストの作成）、兵庫県立大学および阪神・淡路大震災記念人と防災未来センターを協力団体（調査票の部分設計）として調査を行った。送付先は仙台市における仮設住宅入居者支援を実施しているPSCが仙台市のみなし仮設に入居する全世帯へ支援物資配布を調整した際に把握した世帯である。仙台市のみなし仮設住宅入居世帯全数と比較した標本のバイアスについては、仙台市で被災した世帯が若干多く、また高齢者が若干多いと考えられるものの、総体的にみれば比較的よく似た分布であると考えてよく、結果の解釈に大きな影響を与えるものではない。なお、回答にあたっては、調査世帯の世帯員のうち、世帯の生計を支える中心人物が回答するよう依頼した。

28　仙台市を除く宮城県で被災した世帯は住家が修繕できない場合に仙台市に流入してきた場合が多かったため全壊が多く、福島県で被災した世帯は原発被害が多かったため、罹災証明書の区分は被災地域によって偏りが見られた。そのため、標本の大きさが最も大きい仙台市で被災した世帯に絞って分析を進めている。

29　なお、建設型の応急仮設住宅は1棟（1世帯）あたり、600～1000万円程度の建設費用がかかる。また、この問題は政府としても問題視され、2020年3月末に総務省行政評価局から内閣府に対して勧告が出され（総務省行政評価局 2020）、熊本県を中心として大きな被害を及ぼした令和2年7月豪雨において運用の一部が見直された。

【第3章】

1　制定当時の救助の種類を定めた第23条には、「救助は、都道府県知事が必要があると認めた場合においては、前項の規定にかかわらず、救助を要する者（埋葬については埋葬を行う者）に対し、金銭を支給してこれをなすことができる」と規定されている。この規定は現行法においても受け継がれている。

2　具体的には以下。成立当時はそれぞれ第21条および第32条であった。

（日本赤十字社の協力義務等）

第十五条　日本赤十字社は、その使命に鑑み、救助に協力しなければならない。

2　政府は、日本赤十字社に、政府の指揮監督の下に、救助に関し地方公共団体以外の団体又は個人がする協力（第八条の規定による協力を除く。）についての連絡調整を行わせることができる。

（日本赤十字社への委託）

第十六条　都道府県知事等は、救助又はその応援の実施に関して必要な事項を日本赤十字社に委託することができる。

3　当時の厚生省社会局長であった葛西嘉資（のちの事務次官、日本赤十字社副社長）の衆議院厚生委員会への災害救助法の提案説明は以下のとおりである。「非常災害に際して羅災者の救助に萬全を期することが、個人の保護のためにも、また社會秩序の保全をはかるためにも緊要事であることは申すまでもないところであります。現在災害救助に關する法律としては、明治三十二年に制定された罹災救助基金法があるのでありますが、從來の經驗に徴しますと、同法によつては救助の徹底を期することが困難であつたのであります。第一に、同法は単に罹災救助基金に關する法律たるに止まるものでありますから、救助活動全般にわたる規定を設けておらないのであります。從つて救助活動が區々となり、不徹底となる憾みを免れず、殊に關係行政機關等の圓滑な協力を缺くような場合が生ずるのであります。第二に救助費についても、現下の物價情勢においては、罹災救助基金からの支出のみではとうてい不足なのでありまして、その他にその都度の必要に應じて都道府縣の一般會計負擔や、多額の國庫補助を必要とする場合が、過去の經驗に徴しても多いのであります。この點につきましても實情に即した規定を設け、かつ都道府縣と國庫との費用分擔關係を明らかにしておくことが、救助の圓滑、迅速を期するために必要と認められるのであります。第三に、從來の罹災救助基金法においては、救助に必要な物資について何の規定も設けておらないのでありますが、現下の情勢におきましては、災害時における物資の手當についても適切なる對策を講じておく必要があるのであります。以上のような點を是正した總合的な災害救助法律を制定する必要がつとに痛感され、かつ前議會の委員會においてもその旨の要望がありましたので、ここに災害救助法案を提出いたす次第であります」（衆議院厚生委員会審議録昭和 22 年 8 月 11 日）。

4　八木（2007）。

5　国立国会図書館の憲政資料室に PHW の関係資料がマイクロフィッシュで収められている。本書では記録文書（Memorandum for Record）を主に利用している。なお、厚生省五十年史では「南海道大地震の経験を機に、GHQ をはじめ各方面から、抜本的な被災者救助の立法が強く要望されるところとなった」と記録されている（厚生省五十年史編集委員会編 1988, p. 803）。

6　おそらく、1948 年に『災害救助法の解釋』を執筆した内藤誠夫氏ではないかと考えられる。

7　巻末の「史料 1 」を参照。

8　巻末の「史料 2 」を参照。

9　城丸・中谷（2002）、日本赤十字社（1972）pp. 201-203。

10　城丸（2001）。

11　日本赤十字社に派遣されていた米国赤十字社の主な職員は以下。メッツカー（Tom Metsker）氏（顧問団長）、グーチ（Margaret Gooch）氏（のちにダフィー Duffy 姓に、奉仕団担当）、バセット（Audrey Bassett）氏（青少年赤十字担当）、オルソン（Edith Olson）氏（看護担当）、ハイアー（Paul Hyer）氏（災害救護担当）、レイニー（Bill Raney）氏（講習普及事業担当）、ミクラウズ（Ferdinand Miklauz）氏（募金担当）（Sundquist 2001 = 2005 の訳者前書き）。

12　巻末の「史料 3 」を参照。なお 4 月 19 日までに会議が開催されたという記録は発見できなかった。

13　巻末の「史料 4 」を参照。

14　『朝日新聞』1947 年 7 月 30 日朝刊「國家災害法　國会に提出」。

15　衆議院厚生委員会（昭和 22 年 9 月 26 日）附帯決議　一、本法案第十二條、第十三條、第二十六條及び第二十七條の規定は、その運用いかんによつては、新憲法により保障されている國民の基本的人權及び財産權が不當に侵害されるおそれなしとしない。政府は新憲法の精神を侵す下級官吏の權力乱用等のことを來さないよう、本法の運營に特別の考慮を拂うこと。二、水難の救助は、現行水難救助法をもつてしては十分にこれを行うことが困難であると思われる。ついては、同法が改正されるまで、同法の規定による救助が十分でない場合は、本法案第二條第二項の規定を適用して水難救助に遺憾なきを期すること。

参議院厚生委員会（昭和 22 年 9 月 29 日）附帯決議　政府は日本赤十字社の

組織を民主的に刷新し、その内容の充実徹底をはかり、他の團体との充分な協調を保ち、独善的弊害に陥らざるよう適切な措置を講ずること。

16　内容は以下。

1　災害救助法による救助は、国の責任において行われるものであるから、救助の実施については都道府県知事が責任を負うのであって、日本赤十字社は、これに協力するという建前である。法第31条の2第1項の規定は、災害救助法による救助に対する日本赤十字社の協力義務を総括的宣言的に述べたものである。

2　法第32条の規定による委託事項は、差し当って医療、助産及び死体の処理（一時保存を除く。）で都道府県知事が委託を適当と認める範囲のものとする。委託については次の各項による。

⑴ 委託の範囲について、都道府県知事は、日本赤十字社と協議して予め定めておき、厚生大臣の承認を得なければならないこと。

⑵ 都道府県知事から委託をうけた医療及び助産を行うため、日本赤十字社都道府県支部長は、日本赤十字社職員又は契約による医師等からなる救護班を5コ班以上編成しなければならないこと。日本赤十字社職員が不足するため日本赤十字社職員以外の医師を契約により上記の救護班に加える必要がある場合は、日本赤十字社職員と看做して差し支えないこと。

⑶ 日本赤十字社は、市（六大都市では特別区又は区とする。以下同じ）町村の区域毎に、医療関係者等を以て医療班を編成すること。

⑷ 日本赤十字社は、市町村の区域毎に、日本赤十字社奉仕団を編成し、第一救護に当る篤志救助員を設置すること。

⑸ 都道府県知事は、法第31条の規定に基く主任大臣の命令を実施するため必要があると認めたときは、救護班の活動について日本赤十字社都道府県支部長に対し命令することが出来ること。その際日本赤十字社社長及び日本赤十字社都道府県支部長は、緊密なる連絡に努めなければならないこと。

3　日本赤十字社には、地方公共団体以外の団体又は個人と同等の位置で救助に関し協力をなす立場とこれらの協力の連絡調整を行う立場とがあるが、日本赤十字社が政府の指揮監督の下に救助に関し地方公共団体以外の団体又は個人がなす協力に方向づけを与える立場は、法第31条の2第2項によって日本赤十字社だけに認められたものである。なお連絡調整については、次の各項による。

⑴ 日本赤十字社は連絡調整を行うため、委員会に諮問して必要な計画を

作成し、都道府県知事の許可を受けなければならないこと。

(2) 都道府県知事は、日本赤十字社の行う連絡調整に関する前項の計画に基いて日本赤十字社に対し必要な指揮監督を行い、民間の団体及び個人のなす協力活動の効果を収めることに努めなければならないこと。

(3) 連絡調整事項は、例えば救助金品の募集、労力奉仕班の編成派遣、医療及び助産等であること。

17　内藤（1948）pp. 11-12。

18　内藤（1948）p. 10。

19　第二章　救助　第二十二条　救助は、救助を要する者の現在地の都道府県知事にこれを行わせる。

都道府県知事は、救助その他緊急措置の万全を期するため、常に、必要な計画の樹立、強力な救助組織の確立並びに労務、施設、設備、物資及び資金の整備に努めなければならない。

20 「救助は、救助を要する者の現在地の都道府縣知事が國の機関たる地位において行う（法第二十二條第一項）。」（内藤 1948, pp. 24～25）。

21　日本赤十字社（1968）。

22 『読売新聞』2007年1月23日夕刊「追悼抄　マーガレット・グーチ・ダフィーさん　戦後日本に「奉仕」贈る」、『赤十字新聞』1992年1月1日「日赤奉仕団生みの親ダフィーさん　勲三等宝冠章を受章」。

23　東京帝国大学の学生を中心に活動が開始された貧民救済活動。

24　立木（1997）。

25　仁平（2011）。

26　福井平野のほぼ全域に甚大な被害をもたらし、死者・行方不明者が3,700人以上にのぼる。

27　災害救助問題研究会（1967）p. 162。

28　菅（2011）。

29　菅野（2016）。

30　河田（1996）、風間（2002）、八木（2007）、牧（2010）などが代表的なものである。

31　風間（2002）、八木（2007）。

32　風間（2002）。

33　風間（2002）。

34　牧（2010）。

35　静岡県伊豆地方と関東地方に死者1269名をはじめとした甚大な被害をもたらした台風。

36　河田（1996）。
37　「「激じん地」指定を取り合い　災害国会の横顔　選挙区にからむ　続々乗り込む陳情団」『朝日新聞』1959年11月19日朝刊10面。
38　「てこずる激甚地指定　数をふやし逃げ込み　議員攻勢に窮した政府」『朝日新聞』1959年11月12日朝刊2面。
39　「大蔵省こそ“激甚地”」『朝日新聞』1959年11月12日朝刊2面。
40　河田（1996）。なおより詳しい経緯は風間（2002）を参照してほしい。
41　「激じん基準に恒久立法　衆院災害委で首相答弁」『朝日新聞』1961年10月18日朝刊2面。
42　「「緊急事態」は削除　衆院地方行政委　災害基本法案可決」『朝日新聞』1961年10月27日夕刊1面。
43　「統制事項しぼる　園田衆院地方行政委員長「災害緊急事態」で試案」『朝日新聞』1962年3月16日夕刊1面。
44　「災害基本法　付帯決議つけ可決　衆院地行委」『朝日新聞』1962年4月19日夕刊2面。
45　「補助の基準を一本化「激甚災害法案」提出へ」『朝日新聞』1962年4月27日朝刊2面。
46　政令の指定については、成立当時から以下のように定められている。

第二条　国民経済に著しい影響を及ぼし、かつ、当該災害による地方財政の負担を緩和し、又は被災者に対する特別の助成を行なうことが特に必要と認められる災害が発生した場合には、当該災害を激甚災害として政令で指定するものとする。

2　前項の指定を行なう場合には、次章以下に定める措置のうち、当該激甚災害に対して適用すべき措置を当該政令で指定しなければならない。

3　前二項の政令の制定又は改正の立案については、内閣総理大臣は、あらかじめ中央防災会議の意見をきかなければならない。

47　1951年に成立した公共土木施設災害復旧事業費国庫負担法など。
48　「適用基準の調整急ぐ　激じん災害　関係各省の意見対立」『朝日新聞』1962年11月19日朝刊2面、「全国と局地の二本立　激じん災害基準まとまる　地方自治体中心に算定」『朝日新聞』1962年11月29日朝刊2面。なお、風間（2002）によれば、大蔵省の反発は強かったものの、伊勢湾台風時の災害の特例法を基準とし、それを若干上回る額が措置されるように、さまざまな数値が決められていったとのことである。
49　風間（2002）は、激甚災害法により、災害対応の予算獲得などとして議員が直接に活躍する場面が狭められたと同時に、自民党の利益誘導政治として、災害ではなく各省庁に紐づけられた族議員が間接的に防災政策にかかわっていくようになったことを指摘している。
50　永松（2008）。
51　八木（2007）。
52　全体の簡便な解説として津久井（2011、2012）、個人補償への対応の連続性のうえに国会の審議過程を中心に検討した八木（2007）、地方自治体からみた法制定に向けた動きがよくわかるものとして和久（2004）、改正過程の検討として重川ら（2008）などがある。
53　八木（2007）、中村（2017）など。なお当時の経緯がわかる資料として広永（1974）がある。
54　山形県と新潟県下越地方を中心に100名を超える死者をはじめとして大きな被害をもたらした水害。
55　津久井（2012）によれば、この災害で現職参議院議員であった父、母、長男、三男を亡くした佐藤隆が自然災害救済の法律制定を訴え、参議院補欠選挙に当選した。彼が災害弔慰金法をまとめ上げることになる。
56　中村（2017）。
57　「個人災害救う立法を　参院特別委、北陸を視察」『朝日新聞』1963年2月4日朝刊10面、「個人災害、救済規定を　森総務長官が視察報告」『朝日新聞』1966年9月29日朝刊15面。
58　中村（2017）。
59　「国土災害国民共済法案の要綱を発表　竹入公明党委員長」『朝日新聞』1968年6月17日朝刊2面。
60　中村（2017）。
61　「総理府が全国調査　個人災害共済制度　来月　掛金・見舞金額など『朝日新聞』1970年8月17日朝刊2面。
62　中村（2017）。
63　八木（2007）、中村（2017）。
64　八木（2007）。
65　八木（2007）。
66　津久井（2011、2012）。なお、全国知事会や国会議員の動きについては和久（2004）が詳しい。また、各アクターの動きを同時代的に追ったものとして、毎日新聞大阪本社震災取材班（1998）がある。
67　なお、阪神・淡路大震災復興基金が「被災者自立支援金」という名目で、生活再建支援法とほぼ同じ条件で支援金を支給した。
68　鳥取県西部を中心に全壊・半壊・一部損壊を含め2万棟以上の住宅被害が発

生。

69　宮城県北部を中心に全壊・半壊・一部損壊を含め約1万6千棟の住宅被害が発生。

70　新潟県中部を中心に、死者68名をはじめ大きな被害をもたらした地震。

71　石川県、富山県を中心に被害が発生した地震。死者は1名であったものの、全壊・半壊・一部損壊を含め約2万9000棟の住宅被害をもたらした。

72　新潟県中部を中心に、死者15名をはじめ大きな被害をもたらした地震。

73　社会的に弱い立場にある人々をも含めた個人やグループが排除されずに社会に参加できるよう、様々な条件を改善するという考え方で、社会的排除の逆の概念。

74　福原・中村編（2012）、福原・中村・柳原編著（2015）。

75　リーマン・ショックの影響により派遣切りなどに対応するため、複数のNPOなどから構成される実行委員会が2008年末から2009年初頭まで、東京都の日比谷公園に開設した仮設のシェルター。

76　宮本（2009）。

77　Le Grand（2007 = 2010).

【第4章】

1　菅（2011）。

2　Pekkanen（2006 = 2008）、長谷川（2008）。

3　1896年（明治29年）4月から2008年（平成20年）11月までは、民法34条として「祭祀、宗教、慈善、学術、技芸其他公益ニ関スル社団又ハ財団ニシテ営利ヲ目的トセサルモノハ主務官庁ノ許可ヲ得テ之ヲ法人ト為スコトヲ得」と規定されていた。なお各種の特別法にもとづき設立された社会福祉法人、学校法人、医療法人、宗教法人、更生保護事業法による更生保護法人などの法人も公益法人と呼ばれるが、いずれも旧法下の社団法人や財団法人同様、法人格の取得は簡単ではない。

4　本書では経営活動全般を含む企業の社会的責任（corporate social responsibility、以下、CSR）のなかでも、とりわけ社会貢献活動や社会的事業として、利益を上げる本業とは別に営利企業が復興支援において果たした役割について論じている。

5　谷本（2006）。

6　EUマルチステークホルダー・フォーラムの定義。藤井（2005）によった。

7　Michell（1989 = 2003).

8　谷本（2013）。

9　谷本（2006）。
10　阪神・淡路大震災被災地の人々を応援する市民の会（1996）。
11　営利企業の災害対応については日本経済団体連合会 SDGs 本部統括主幹の長澤恵美子氏へのインタビューに多くを負っている。
12　山口・丹正（2012）。
13　厚生労働省 DMAT 事務局ホームページ（http://www.dmat.jp/）、2020 年 3 月 10 日最終閲覧。
14　厚生労働省ホームページ（https://www.mhlw.go.jp/）、2020 年 3 月 10 日最終閲覧。
15　山口・丹正（2012）。
16　災害時に、都道府県並びに保健所および市町村が保健医療活動の総合調整等を適切かつ円滑に行えるよう、保健医療調整本部並びに保健所および市町村における保健医療活動の調整等を担う本部（保健医療調整本部）などにおいて、被災地の保健医療ニーズの把握、保健医療活動チームの派遣調整等にかかわる助言および支援を行うことを目的として、都道府県により任命された者。厚生労働省（2019）「災害医療コーディネーター活動要領」より。
17　菅野（2020a）。
18　次数分布がべき分布になることで、あるノードにリンクが集中しいる状況。スケールフリー・ネットワークの特性についての解説は、Barabasi（2002 = 2002）に詳しい。
19　より詳しい内容は菅野（2020a）を参照してほしい。
20　日本経済団体連合会社会貢献推進委員会、1％（ワンパーセント）クラブ（2012）。
21　社会福祉法人中央共同募金会（2019）。
22　武田薬品工業株式会社（2019）。
23　三菱商事復興支援財団ホームページ（https://mitsubishicorp-foundation.org/）、2020 年 2 月 8 日最終閲覧。
24　資生堂ホームページ（https://corp.shiseido.com/jp/）、2020 年 2 月 8 日最終閲覧。
25　味の素ホームページ（https://www.ajinomoto.co.jp/）、味の素ファンデーションホームページ（http://www.theajinomotofoundation.org/）、2020 年 2 月 8 日最終閲覧。
26　ハイチで発生した死者が約 31 万 6000 人に及ぶなどきわめて大きな被害をもたらした地震。
27　グーグルクライシスレスポンスホームページ（https://www.google.org/

crisisresponse/kiroku311/）、2020 年 2 月 8 日最終閲覧。

28　日本マイクロソフト社会貢献ホームページ（https://www.microsoft.com/ja-jp/mscorp/msp/default.aspx）、2020 年 2 月 8 日最終閲覧。

29　詳しくは菅野（2020a）を参照してほしい。

30　本荘・立木（2015）。

31　コミットメントとは、さまざまな相手とより有利に取引することをあきらめるという機会費用を支払ってでも、同一の相手と取引を行うことで、取引にともなう信用照会・調査など情報の非対称性に関する費用や、調整にともなう費用といった、取引費用を低減させる関係を取り結ぶことである。山岸（1999、2000）。

32　菅野（2016）。

33　菅野（2016）。

34　2015 年 9 月 9 日から 11 日にかけて関東地方および東北地方で発生した豪雨災害。茨城県 15 名、栃木県 3 名、宮城県 2 名の死者など広範な地域に被害が発生した。

35　以下に取り上げる取り組み以外にも、社会保障との連続性を中心的なアイデアとする取り組みは散見される。例えば、福祉施設の BCP（事業継続計画）策定の取り組み（鍵谷ら 2015）や、2016 年の熊本地震において熊本学園大学で取り組まれたインクルーシブな避難所の取り組み（花田 2017、黒木ら 2019）などがある。

36　仙台市（2014、2015）。

37　アメリカにおいて、2005 年のハリケーン・カトリーナとリタによる被災者支援の方策として「災害ケース・マネージメント・プログラム（DCMP, Disaster Case Management Program）」が実施された。DCMP はアメリカ国防総省（DHS, Department of Homeland Security）、連邦緊急事態管理庁（FEMA, Federal Emergency Management Agency）が NGO へ業務委託し実施され、約 3000 名のケース・マネージャーが、被災者の生活再建にいたるアクションプランを策定し、支援が行き届かない部分を明確化し、必要な支援に関する情報を被災者に提供するものであった。被災者からみると 1 人のケース・マネージャーを通して複数の支援制度を把握することができた。社会技術研究開発センター（2013）。

38　Wisner et. al（2003 = 2010）.

39　災害ケースマネジメントの実践における考え方や具体的な取り組みについては津久井（2020）を参考にしてほしい。

40　岩手県や北海道を中心に、死者・行方不明者 29 人など甚大な被害をもたらした台風。

41　鳥取県中部を中心に全壊・半壊・一部損壊を含め約1万5000棟の住宅被害が発生した地震。

42　大阪府の北部を中心に、死者6名をはじめ、全壊・半壊・一部損壊を含め6万棟以上の住宅被害が発生した地震。

43　100名を超える死者・行方不明者を出すなど、関東地方や甲信地方、東北地方などで甚大な被害をもたらした台風。

44　Tatsuki（2018）、立木（2018）。

45　あらゆる障害者の、尊厳と権利を保障するための国際条約。日本は2007年9月に署名し、条約が求める水準に適合するための国内法整備を行ったうえで、2014年1月に批准した。

46　障害のある人が障害のない人と平等に人権を享受し行使できるよう、一人ひとりの特徴や場面に応じて発生する困難さを取り除くために、負担が重すぎない範囲で、個別の調整や変更を行うこと。

【第5章】

1　中央防災会議 民間と市場の力を活かした防災力向上に関する専門調査会（2004）。

2　永松・秦（2003）。

3　永松（2008）。

4　詳しくは一般社団法人フェーズフリー協会のホームページ（https://phasefree.net/）を参照してほしい。2020年10月1日最終閲覧。

5　生活困窮者自立支援法にもとづき、離職、自営業の廃業などによって経済的に困窮し、住居を喪失した人や住居を喪失するおそれのある人に、家賃相当額を支給する制度。

6　住宅確保要配慮者の入居を拒まない賃貸住宅の登録、登録住宅の改修や入居者への経済的な支援、住宅確保要配慮者に対する居住支援。

7　Dynes（1994）.

8　野田（1997）。

9　岡本（2016）。

10　寺迫（2015）。

11　各被災地域において、それぞれの課題を解決し、自律的で持続的な地域社会を目指す取り組みを支援するための復興庁による政策。

12　詳しくは菅野（2020b）を参照してほしい。

参 照 文 献

岡田広行（2015）『被災弱者』岩波書店

岡本正（2014）『災害復興法学』慶應義塾大学出版会

岡本全勝（2016）『復興が日本を変える――行政・企業・NPOの未来のかたち』ぎょうせい

鍵屋一・柄谷友香・指田朝久・上園智美・田中秀宜（2015）「障害福祉施設の事業継続計画（BCP）作成プロセスの研究――施設職員の災害対応力向上を目指して」地域安全学会論文集，no. 27, pp. 113-120

風間規男（1998）「日本の防災政策――政策ネットワークの失敗構造」日本公共政策学会年報 1998

風間規男（2002）「災害対策基本法の制定――防災政策ネットワークの形成」近畿大学法学，vol. 50, no. 1, pp. 1-82

河田惠昭（1996）「災害対策基本法と防災基本計画」自然災害科学，vol. 15, no. 2, pp. 81-92

熊本県（2018）『平成 28 年熊本地震　熊本県はいかに動いたか（初動・応急対応編）』ぎょうせい

黒木邦弘・花田昌宣・髙木亨・那須久史（2019）「平成 28 年（2016）熊本地震と熊本学園大学避難所運営――避難所の方針と災害ソーシャルワーク実践の一考察」社会福祉研究所報，no. 47, pp. 169-185

厚生省五十年史編集委員会編（1988）『厚生省五十年史 記述篇』財団法人厚生問題研究会

河野勝（2006）「ガヴァナンス概念再考」河野勝編『制度からガヴァナンスへ――社会科学における知の交差』東京大学出版会，pp. 1-19

近藤民代・越山健治・林春男・福留邦洋・河田惠昭（2006）「新潟県中越地震における県災害対策本部のマネジメントと状況認識の統一に関する研究――「目標による管理」の視点からの分析」地域安全学会論文集，no. 8, pp. 183-190

災害救助問題研究会（1967）『災害救助誌――災害救助法 20 年の記録』災害救助問題研究会

佐々木正人（1994）『アフォーダンス――新しい認知の理論』岩波書店

重川希志依・田中聡・高島正典（2008）「被災者生活再建支援法改正過程の分析」地域安全学会論文集，no. 10, pp. 253-260

社会技術研究開発センター（2013）『戦略的創造研究推進事業（社会技術研究開発）コミュニティがつなぐ安全・安心な都市・地域の創造研究開発領域　平成 24 年度採択プロジェクト企画調査終了報告書「借り上げ仮設住宅被災者の生活再建支援方策の体系化」（研究代表者 立木茂雄）』

社会福祉法人中央共同募金会（2019）『東日本大震災「支える人を支える」しくみ　赤い羽根　災害ボランティア・NPO 活動サポート募金（ボラサポ）記録書』

城丸瑞恵（2001）「GHQ 看護課の占領直後から約六ケ月間の活動」日本醫史學雑誌，vol. 47, no. 2, pp. 351-365

城丸瑞恵・中谷千鶴子（2002）「創設から占領開始前までの日本・アメリカ・国際赤十字の歴史的推移―公衆衛生福祉局の連携組織となった要因を探る―」日本医療経済学会会報，vol. 21, no. 1, pp. 1-17

菅磨志保（2011）「日本における災害ボランティア活動の論理と活動展開――「ボランティア元年」から 15 年後の現状と課題」社会安全学研究，no. 1, pp. 56-66

菅野拓（2015）「東日本大震災の仮設住宅入居者の社会経済状況の変化と災害法制の適合性の検討――被災 1・3 年後の仙台市みなし仮設住宅入居世帯調査の比較から」地域安全学会論文集，no. 27, pp. 47-54

菅野拓（2016）「行政・NPO/NGO 間の災害時連携のために平時から備えるべき条件」地域安全学会論文集，no. 29, pp. 115-124

菅野拓（2018）「災害時における財・サービス供給のガバナンス構造の理論的検討」地域安全学会論文集，no. 33, pp. 75-82

菅野拓（2020a）『つながりが生み出すイノベーション――サードセクターと創発する地域』ナカニシヤ出版

菅野拓（2020b）「復興庁の二つの顔――計画行政と再帰的ガバナンス」吉原直樹・山川充夫・清水亮・松本行真編『東日本大震災と〈自立・支援〉の生活記録』六花出版，pp. 9-28

仙台市（2014）『仙台市被災者生活再建推進プログラム』

仙台市（2015）『仙台市被災者生活再建加速プログラム』

仙台市（2017）『東日本大震災 仙台市 復興五年記録誌』

総務省行政評価局（2020）『災害時の「住まい確保」等に関する行政評価・監視――被災者の生活再建支援の視点から結果報告書』

田尾雅夫（1990）『行政サービスの組織と管理――地方自治体における理論と実際』木鐸社

田尾雅夫（2015）『公共マネジメント――組織論で読み解く地方公務員』有斐閣

武田薬品工業株式会社（2019）『東日本大震災における支援活動（8年間の歩み）』
立木茂雄（1997）「ボランティアと社会的ネットワーク」立木茂雄編『ボランティアと市民社会——公共性は市民が紡ぎ出す』晃洋書房，pp. 119-147
立木茂雄（2018）「平時と災害時の配慮を切れ目なくつなぐ——排除のない防災へ」生活協同組合研究，no,506, pp. 14-21
谷本寛治（2006）『CSR——企業と社会を考える』NTT 出版
谷本寛治（2013）『責任ある競争力——CSR を問い直す』NTT 出版
中央防災会議 民間と市場の力を活かした防災力向上に関する専門調査会（2004）「民間と市場の力を活かした防災戦略の基本的提言」
津久井進（2011）『Q&A 被災者生活再建支援法』商事法務
津久井進（2012）『大災害と法』岩波書店
津久井進（2020）『災害ケースマネジメント ガイドブック』合同出版
寺迫剛（2015）「集中復興期間最終年の復興庁——「司令塔機能」から「管制塔機能」へ」季刊行政管理研究，no. 150，pp. 27-37
内藤誠夫（1948）『災害救助法の解釋』日本社會事業協會
中村万里絵（2017）「災害弔慰金の支給対象者について」中央大学大学院研究年報，no. 46, pp. 149-169
永松伸吾（2008）『減災政策論入門——巨大災害リスクのガバナンスと市場経済』弘文堂
永松伸吾・秦康範（2003）「住宅被害の軽減策の推進と事後補償の充実——両立可能な制度の提案」地域安全学会論文集，no. 5, pp. 353-362
仁平典宏（2011）『「ボランティア」の誕生と終焉——〈贈与のパラドックス〉の知識社会学』名古屋大学出版会
日本経済団体連合会社会貢献推進委員会、1%（ワンパーセント）クラブ（2012年）『東日本大震災における経済界の被災者・被災地支援活動に関する報告書——経済界による共助の取り組み』
日本赤十字社（1968）『米国赤十字社の概要』
日本赤十字社（1972）『日本赤十字社社史稿第6巻』日本赤十字社
野田隆（1997）『災害と社会システム』恒星社厚生閣
長谷川公一（2008）「社会変動研究の理論的課題」金子勇・長谷川公一編著『社会変動と社会学』ミネルヴァ書房，pp. 23-49
花田昌宣（2017）「インクルーシブな避難所と水俣学の経験——地域に根ざした学と社会運動」現代思想，vol. 45, no. 8, pp. 96-104
阪神・淡路大震災被災地の人々を応援する市民の会（1996）『震災ボランティア——「阪神・淡路大震災被災地の人々を応援する市民の会」全記録』

広永哲夫（1974）「自然災害による個人災害救済制度の立法化」時の法令，no. 851，pp. 7-14 および p. 32
福原宏幸・中村健吾編（2012）『21 世紀のヨーロッパ福祉レジーム——アクティベーション改革の多様性と日本』糺の森書房
福原宏幸・中村健吾・柳原剛司編（2015）『ユーロ危機と欧州福祉レジームの変容——アクティベーションと社会的包摂』明石書店
藤井敏彦（2005）『ヨーロッパの CSR と日本の CSR——何が違い、何を学ぶのか』日科技連出版社
平成 28 年熊本地震に係る初動対応検証チーム（2016）『平成 28 年熊本地震に係る初動対応の検証レポート』
本莊雄一・立木茂雄（2015）「東日本大震災における創発的・多組織ネットワーク（EMONs）の協調活動を規定する要因に関する考察」地域安全学会論文集，no. 27, pp. 155-165
毎日新聞大阪本社震災取材班（1998）『法律を「つくった」記者たち——「被災者生活再建支援法」成立まで』六甲出版
牧紀男（2010）「災害対策基本法の総合性、計画性と巨大災害への対処——21 世紀前半の巨大災害時代を踏まえた災害対策のあり方」地域安全学会論文集，no. 12, pp. 71-80
牧紀男（2020）「災害後の生活再建支援基準をどう考えるのか？——建物の「全壊」・「半壊」調査の変遷」日本建築学会計画系論文集，vol. 85, no. 768, pp. 351-359
宮本太郎（2009）『生活保障——排除しない社会へ』岩波書店
元谷豊・牧紀男・林春男・東田光裕（2006）「標準的な災害対策センターのあり方に関する研究——新潟中越地震時の小千谷市、7.13 新潟豪雨災害時の三条市の災害対策本部の運用実態を踏まえて」地域安全学会論文集，no. 8, pp. 259-268
八木寿明（2007）「被災者の生活再建支援をめぐる論議と立法の経緯」レファレンス，vol. 57, no. 11, pp. 31-48
山岸俊男（1998）『信頼の構造——こころと社会の進化ゲーム』東京大学出版会
山岸俊男（1999）『安心社会から信頼社会へ——日本型システムの行方』中央公論新社
山口順子・丹正勝久（2012）「災害時の DMAT 活動と役割」日大医誌，vol. 71, no. 1, pp. 10-13
和久克明（2004）『風穴をあけろ——「被災者生活再建支援法」成立の軌跡』兵庫ジャーナル社

Barabasi, A. L.（2002）*Linked: The New Science of Networks Science*, Perseus Books Group（青木薫訳（2002）『新ネットワーク思考――世界のしくみを読み解く』NHK 出版）

Barnard, C. I.（1938）*The Functions of Executives*, Harvard Business Press（山本安次郎ほか訳（1968）『経営者の役割』ダイヤモンド社）

Coase, R. H.（1990）*The Firm, the Market, and the Law*, University of Chicago Press（宮沢健一・藤垣芳文・後藤晃訳（1992）『企業・市場・法』東洋経済新報社）

Gibson, J. J.（1979）*The Ecological Approach to Visual Perception*, Psychology Press（古崎敬・古崎愛子・辻敬一郎・村瀬旻訳（1985）『生態学的視覚論』サイエンス社）

Dynes, R. R.（1994）Community Emergency Planning: False Assumptions and Inappropriate Analogies, *International Journal of Mass Emergencies and Disasters*, vol. 12, no. 2, pp. 141-158

Dynes, R. R. and Quarantelli, E. L.（1968）Group Behavior under Stress: A Required Convergence of Organizational and Collective Behavior Perspectives, *Sociology and Social Research*, no. 52, pp. 416-429

Hayek, F. A.（1945）The Use of Knowledge in Society, *American Economic Review*, vol. 35, no. 4, pp519-530（田中眞晴・田中秀夫訳「社会における知識の利用」田中眞晴・田中秀夫編訳（1986）『市場・知識・自由――自由主義の経済思想』ミネルヴァ書房，pp. 52-76）

Le Grand, J.（2007）*The Other Invisible Hand: Delivering Public Service through Choice and Competition*, Princeton University Press（後房雄訳（2010）『準市場――もう一つの見えざる手』法律文化社）

Lipsky, M.（1980）*Street-Level Bureaucracy: Dilemmas of the Individual in Public Services*, Russel Sage Foundation（田尾雅夫，北大路信郷訳（1986）『行政サービスのディレンマ』木鐸社）

Michell, N. J.（1989）*The Generous Corporation: A Political Analysis of Economic Power*, Yale University Press（井関利明監修、松野弘・小阪隆秀監訳（2003）『社会にやさしい企業――経営思想の革新と企業的社会政策の展開』同友館）

Milgrom, P and Roberts, J.（1992）*Economics, Organization and Management*, Prentice Hall, 1992（奥野正寛ほか訳（1997）組織の経済学，NTT 出版）

Nonaka, I. and Takeuchi, H.（1995）*The Knowledge-creating Company: How Japanese Companies Create the Dynamics of Innovation*, Oxford University

Press（梅本勝博訳（1996）『知識創造企業』東洋経済新報社）
North, D. C.（1990）*Institutions, Institutional Change and Economic Performance*, Cambridge University Press（竹下公視訳（1994）『制度・制度変化・経済成果』晃洋書房）
Pekkanen, R.（2006）*Japan's Dual Civil Society: Members Without Advocates*, Stanford University Press（佐々田博教訳（2008）『日本における市民社会の二重構造――政策提言なきメンバー達』木鐸社）
Piore, M. J. and Sabel, C. F.（1984）*The Second Industrial Divide: Possibilities for Prosperity*, Basic Book（山之内靖・永易浩一・菅山あつみ訳（1993）『第二の産業分水嶺』筑摩書房）
Powell, W. W.（1990）Neither Market nor Hierarchy: Network Forms of Organization, *Research in Organizational Behavior*, vol. 12, pp. 295-336
Rhodes, R. A. W.（1997）*Understanding Governance: Policy Networks, Governance and Accountability*, Open University Press
Saxenian, A.（1996）*Regional Advantage*, Harvard University Press（山形浩生・柏木亮二訳（2009）『現代の二都物語――なぜシリコンバレーは復活し、ボストン・ルート128は沈んだか』日経BP社）
Sphere Association（2018）*The Sphere Handbook: Humanitarian Charter and Minimum Standards in Humanitarian Response, fourth edition*
Sundquist, M. eds.（2001）*Tennessee Volunteer Heroes 2001*, Write Together Publishing（太田成美抄訳（2005）「あるボランティアの生涯　マギー・ダフィー――「日赤の奉仕団の母」の今日まで」国際赤十字・赤新月運動関連文書翻訳シリーズ）
Tatsuki, S.（2018）Persons with Disabilities and the Great East Japan Earthquake, In: Dominelli, L. eds. *The Routledge Handbook of Green Social Work*, pp. 464-476
Torfing, J., Peters, B. G., Pierre, J. and Sørensen, E.（2012）*Interactive Governance: Advancing the Paradigm*, Oxford University Press
Weber, M.（1921）*Soziologie der Herrschaft, Wirtschaft und Gesellschaft*, In: *Grundriss der verstehenden Soziologie*, Bd. 1, Aufl, 1921（世良晃志郎訳（1960）『支配の社会学Ⅰ』創文社）
Williamson, O. E.（1996）*The Mechanisms of Governance*, Oxford University Press（石田光男・山田健介訳（2017）『ガバナンスの機構――経済組織の学際的研究』ミネルヴァ書房）
Wisner, B., Blaikie, P., Cannon, T. and Davis, I.（2003）*At Risk: Natural*

Hazards, People's Vulnerability and Disasters, Routledge（岡田憲夫監訳（2010）『防災学原論』築地書館）

【史料１】

GENERAL HEADQUARTERS
SUPREME COMNANDER FOR THE ALLIED POWERS
Public Health & Welfare Section

17 January 1947

MEMORANDUM FOR RECORD

SUBJECT: Japanese National Emergency Disaster Committee

1. Conference was held this date with Mr. M. Takata, Chief of Protection Section, Welfare Ministry; Mr. Naito, Secretary, Protection Section, Welfare Ministry; Mr. Milton J. Evans and Major R. Riordan of Public Health and Welfare Section for the purpose of setting up the above subject organization at national level to be responsible for expediting relief in national disasters.

2. Mr. Takata presented a translation in English of the disaster plan of Meiji period. Inasmuch as this antiquated document is the only disaster plan in operation in Japan, it becomes or prime importance to begin work on basic law that will govern national calamities.

3. A plan was projected today to establish at national level a committee composed of a chairman, who should be the Premier, a vice-chairman in charge of operations, who should be selected from among the committee members, and the following ministers as members: Welfare Ministry, Home Ministry, Agriculture and Forestry Ministry, Transportation Ministry, Commerce and Industry Ministry, and Finance Ministry.

4. At a later date when time has been allowed for the formation of what we consider to be a basic law necessary for this committee to operate and complete organizational data is accumulated, another meeting will be held with the Ministries involved in which they will be requested to review the data which we will submit to them. After review of this data they will submit to us a draft of a national law inaugurating this committee and defining its functions and duties. It is planned to match each committee man with organizations or outstanding individuals to make up the civilian component part of the committee.

5. It is planned to set up at prefectural level disaster committees with corresponding persons that operate at prefectural level. The national committee will function as an enabling committee to make available in time of national emergency an overall plan of operation while the prefectural level will be the operating unit or units in time of disaster. As this meeting is merely to start the Japanese Government thinking in terms of national responsibility for the calamity program of their peoples, this proposition is merely in the exploratory stage.

R. E. Riordan
Major MI
Welfare Division

【史料2】

GENERAL HEADQUARTERS
SUPREME COMNANDER FOR THE ALLIED POWERS
Public Health & Welfare Section

14 March 1947

MEMORANDUM FOR RECORD

SUBJECT: Japanese National Disaster Committee

1. Conference has been arranged on the above subject to be held in the Conference Room #610, Mitsubishi Shoji Building, at 1000 Tuesday,18 March 1947.

2. Cabinet Personnel invited are:

Prime Minister	Commerce & Industry Minister
Welfare Minister	Finance Minister
Home Minister	President, Japanese Red Cross
Agriculture Minister	Director of Relief, Japanese Red Cross
Transportation Minister	

3. Army personnel invited are:

Col. C. F. Sams	Chairman – Chief, PHW
Mr. T. Metsker	ARC/ PHW Liaison
Maj. R. E. Riordan	Liaison and Operations, WD/PHW
Mr. N. B. Neff	Chief, WD/PHW
Mr. N. J. Evans	WD/PHW
Mr. I. H. Markuson	WD/PHW
Lt. Col. B. N. Riordan	PHW/Supply
Mr. J. V. Zaccone	PHW/ Legal Advisor
Capt. R. G. Brown	Government Section
Mr. W. S. Egekivist	Chief, ESS
Lt. Col. H. G. Schenck	Natural Resources

Lt. Col. Benton	PS/G-2
Lt. Col. L. D. Smith	Plans & Policies, G-3
Lt. Col. H. W. Ebel	Plans & Policies, G-4
Lt. Col. Gaddis	CI&E
Mr. Dom Wilson	Welfare, 8th Army
Col. Beasley	Military Gov't, 8th Army
Maj. E. R. Shaw	G-3, 8th Army

4. The meeting is being held for the purpose of bringing before the Imperial Japanese Government the necessity for a disaster committee being set up at cabinet level to assume responsibility for the results of national calamities and to pass such legislation as is necessary to facilitate the free flow of supplies and facilities in tame of disaster to affected areas.

5. Nothing in this anticipated action contemplates the changing of 8th Army directive on disaster as it applies to safety and security measures to occupation forces and their dependents.

6. Presentation will be made of one solution to the Japanese officials and they will be required to submit their plan of action, by 19 April 1947.

R. E. Riordan
Major MI
Welfare Division

【史料 3】

GENERAL HEADQUARTERS
SUPREME COMNANDER FOR THE ALLIED POWERS
Public Health & Welfare Section

18 March 1947

MEMORANDUM FOR RECORD:

SUBJECT: National Disaster Relief Board

1. Conference was held this date at 1000 in conference room 610, Mitsubishi Shoji Building, under guidance of PHW, SCAP to bring before the Japanese Government the necessity of their accepting the responsibility for disaster relief and make adequate provisions for alleviating the conditions resulting from large scale disasters.

2. Those present were:

Mr. F. Nakata	representing Prime Minister
Mr. Ito	Vice Minister of Welfare
Mr. T. Iwasawa	Home Ministry
Mr. H. Okuhara	Agriculture Ministry
Mr. H. Tembo	Transportation Ministry
Mr. I. Sato	Finance Ministry
Prince Shimadsu	Japanese Red Cross (President)
Mr. Hara	Japanese Red Cross (Vice President)
Mr. K. Suzuki	Vice Minister of Communication
Mr. Neff	Chief, WD/PHW
Maj. Riordan	Liaison & Operations, WD/PHW
Mr. Evans	WD/PHW
Mr. Markuson	WD/PHW
Mr. Band	PHW
Mr. Metsker	Red Cross Liaison, PHW
Mr. Smith	Price Control & Rationing, ESS
Maj. Roche	Natural Resources
Dr. Lewis	Public Safety, G-2

Lt. Col. Smith	Planning, G-3
Col. Goddell	MG, 8th Army
Miss Buckman	MG, WD, 8th Army
Lt. Col. Geiser	Provost Marshal

Representatives from Government Section, G-4 and CI&E were unable to attend.

3. The plan projected to the Japanese officials calls for a single governmental agency, at cabinet level, to include the Prime Minister; ministers of Welfare, Home, Agriculture and Forestry, Transportation, Commerce and Industry, and Finance Ministries; and President of the Japanese Red Cross Society.

4. The activities of single overall national level agency will include:

a. Planning at National level; relief plans to mitigate suffering caused by pestilence, famine, fire, floods, earthquakes, tidal waves and other calamities.

b. To initiate and carry on enabling legislation for the effectuation of disaster relief programs.

c. To make available at prefectural levels necessary supplies and services to enable the prefecture to take immediate action in times of disaster when the local supplies in prefecture are inadequate.

d. To make use of the prefectural government by national direction to assume responsibility for the results of disaster and to provide quick, efficient and adequate relief to sufferers.

e. To act as the liaison agency to receive and pass on to interested sections of SCAP all information and problems bearing on actual operations.

f. To provide adequate warning systems.

g. To maintain in time of national disaster suitable headquarters on 24 hour basis when disaster strikes.

h. To provide funds at National level to adequately meet the needs of disaster.

5. After Mr. Neff, Chief of Welfare Division, PHW, explained the purpose of the meeting and explained the general working of the plan, a representative of Welfare was asked to give a possible solution which has been projected by the Welfare Division of SCAP as acceptable. It was explained that this was merely a solution and not necessarily the one expected from the Japanese Government.

6. The Japanese officials were asked to meet among themselves and submit by 19 April, proposed legislation to meet the following:

a. Creation of a cabinet level Disaster Board.

b. Creation of Disaster Fund at National level.

c. Creation of a National Disaster Committee for operation at national level.

d. Recognition of the Japanese Red Cross Society as the private agency for coordinating voluntary relief activities of all other volunteer agencies.

7. Reactions from Japanese were favorable and Mr. Ito, Vice Minister of Welfare, expressed his appreciation and stated that his ministry had been working on plans to develop adequate means of taking part in disasters. He said weaknesses at national level were evident in the past and must now be corrected.

8. Provisions have been made at PHW to give advice and help to the Japanese officials if it is desired.

R. E. Riordan
Major MI
Welfare Division

Copies to:

All SCAP and 8th Army
Sections listed in para 2.

【史料3　別添】

NATIONAL RESPONSIBILITY CHART

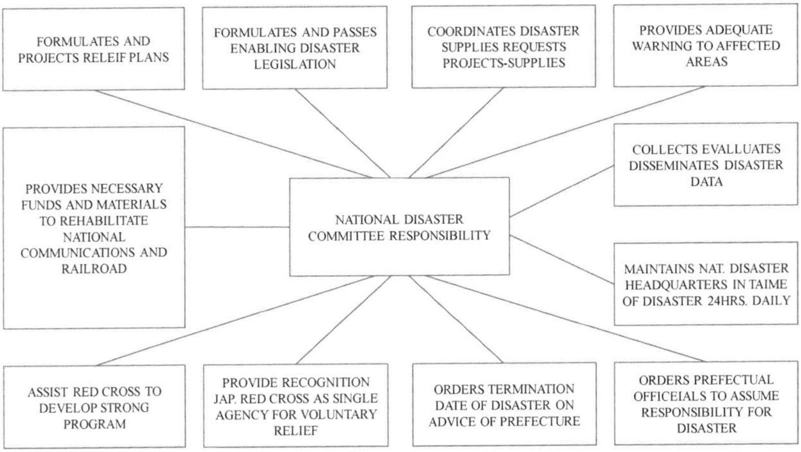

DISASTER RELIEF PLANNING BOARD, JAPANESE GOVERMENT

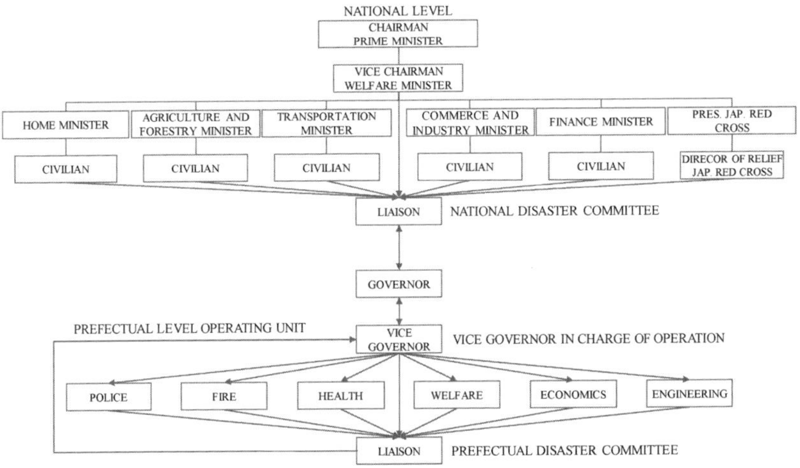

PREFECTUAL DISASTER OPERATING TEAM

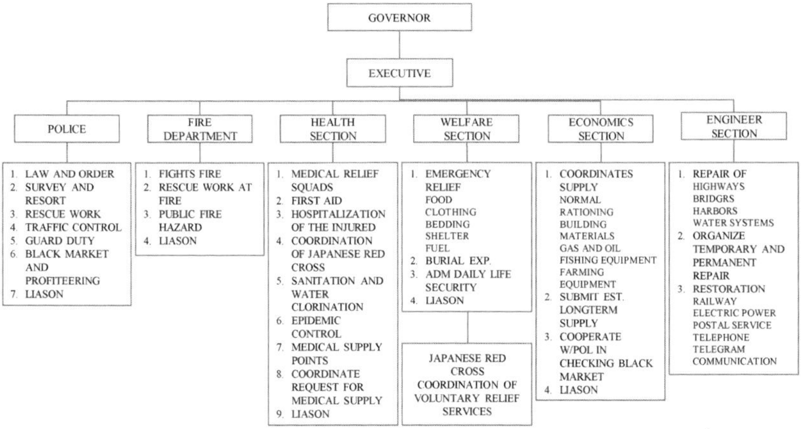

【史料4】

GENERAL HEADQUARTERS
SUPREME COMNANDER FOR THE ALLIED POWERS
Public Health & Welfare Section

30 April 1947

MEMORANDUM FOR RECORD:

SUBJECT: Japanese Disaster Relief Plan

1. Conference was held at 1400 this date at the 49th General Hospital concerning the above subject. The following persons were present:

Mr. T. Tagami	Welfare Ministry
Mr. Takayama	" "
Mr. Naito	" "
Mr. Miyata	" "
Mr. kawanishi	" "
Maj. R. E. Riordan	Welfare Division, PHW

2. The draft of the Disaster Relief Plan presented by the Welfare Ministry was discussed and several changes suggested. The Welfare Ministry has no objection to the suggestions but wished to discuss the matter with Red Cross.

3. It was agreed that another meeting would be held 12 May 47.

R. E. Riordan
Major MI
Welfare Division

謝　辞

本書を執筆することになったきっかけは、師匠であり先輩であり仲間でもある弁護士、津久井進氏からの「早く考えをまとめて発表しろ」という要請であった。彼の要請によって一念発起し、筆を執ることとした。

東日本大震災をきっかけとして、被災者支援がなぜこんなに混乱するのか、非合理に出来上がっているのかをさまざまな人たちと考えてきた。ここでは代表的な人のみをあげて感謝を述べたい。「災害ケースマネジメント」を求める流れのきっかけとなった、フードバンク岩手の阿部知幸氏をはじめ、前述した津久井氏、岩手県の吉江暢洋氏、宮城県の宇都彰浩氏など弁護士の方々、新里宏二氏、立岡学氏をはじめとしたパーソナルサポートセンターの理事・職員・関係者の方々、伊藤健哉氏をはじめとしたチーム王冠の方々など、「一人ひとりが大事にされる災害復興法をつくる会」としてともに考えてきた方々、さまざまな調整のハブとなった葛巻徹氏をはじめとしたいわて連携復興センターの方々に特に感謝したい。また、関西大学の河田惠昭先生や、兵庫県立大学の室﨑益輝先生、同志社大学の立木茂雄先生など人と防災未来センターの関係者の方々や、長野県の古越武彦氏、鳥取県の木山正一氏、三重県伊勢市の藤原宏之氏など、実際の災害対応や人と防災未来センターのプロジェクトでご一緒した内閣府・地方自治体の職員、議員の方々にも感謝を申し上げたい。特に、人と防災未来センターの先輩でもある関西大学の永松伸吾先生には市場によるガバナンスについてさまざまなご助言をいただいた。ネットワークによる災害対応の現在形に取り組む、栗田暢之氏・明城徹也氏をはじめとした全国災害ボランティア支援団体ネットワーク（JVOAD）の方々や、阪神・淡路大震災の時代から活動する、日本NPOセンターの田尻佳史氏や経団連の長澤恵美子氏にも多くを教わった。越境的実践について共に研究する、アジア経済研究所の大塚健司先生、近畿大学の藤田香先生、日本福祉大学の小國和子先生にもお礼を申し上げたい。

謝辞という言葉には、お礼以外にお詫びの意味もある。本書は、災害対応、特に被災者支援が混乱する理由を、歴史的に検討し、根本的な考え方を提示することに努めたため、さまざまな先行研究を詳細に論じることはしていない。本書で論じた多くのテーマには触れるべき先行研究が多数あり、本来であればさまざまな研究を、より詳細に取り上げるべきであると考えている。触れられなかったのはひとえに筆者の力不足であり、お詫び申し上げたい。それら先達の仕事がなければ本書は執筆することができなかった。

東日本大震災が発災してから10年が過ぎ、新型コロナウィルスにより、災害対応・被災者支援にさらなる難しさが生じている。本書が混乱する災害対応・被災者支援を考えるきっかけとなり、また、法制度をはじめとした社会の仕組みを変える力となることを願っている。

なお、本書は京都経済短期大学学術刊行物出版助成を受けて、刊行された。また本研究の一部はJSPS科研費19K13452、17H00851、18H03455の助成を受けて実施されたものである。

菅野　拓

索　引

た

な

は

ま

ら

わ

菅野　拓（すがの　たく）
京都経済短期大学経営情報学科専任講師。大阪市立大学大学院文学研究科後期博士課程単位取得退学。博士（文学）。専門は人文地理学、サードセクター論、防災・復興政策。『つながりが生み出すイノベーション——サードセクターと創発する地域』（ナカニシヤ出版、2020年）。

災害対応ガバナンス
被災者支援の混乱を止める

2021年3月31日　初版第1刷発行　（定価はカヴァーに表示してあります）

著　者　菅野　拓
発行者　中西　良
発行所　株式会社ナカニシヤ出版
〒606-8161　京都市左京区一乗寺木ノ本町15番地
TEL　075-723-0111　FAX　075-723-0095
http://www.nakanishiya.co.jp/

装幀＝宗利淳一デザイン
印刷・製本＝創栄図書印刷

ISBN978-4-7795-1564-4　C0036